U0944497

简单的解决方案绝不简单。

——福布斯杂志

李 伟◎编著

管理可以很简单

优秀新主管的成功法则

THE SUCCESS OF GRASSROOTS LEADERS

最简单的，就是最有效的

当代世界出版社

图书在版编目（CIP）数据

管理可以很简单/李伟编著.—北京：当代世界出版社，2012.9

ISBN 978-7-5090-0850-8

Ⅰ.①管… Ⅱ.①李… Ⅲ.①企业管理 Ⅳ.①F270

中国版本图书馆 CIP 数据核字（2012）第 187841 号

书　　名：管理可以很简单
出版发行：当代世界出版社
地　　址：北京市复兴路 4 号（100860）
网　　址：www. worldpress. org. cn
编务电话：（010）83907332
发行电话：（010）83908409
（010）83908455
（010）83908377
（010）83908423（邮购）
（010）83908410（传真）
经　　销：全国新华书店
印　　刷：三河市鑫利来印装有限公司
开　　本：710 毫米×1000 毫米　1/16
印　　张：20
字　　数：300 千字
版　　次：2013 年 4 月第 1 版
印　　次：2013 年 4 月第 1 次
书　　号：ISBN 978-7-5090-0850-8
定　　价：39.80 元

如发现印装质量问题，请与承印厂联系调换。

管人管事就这么简单

无论在什么时候，一提及管理话题，所有的人——我指的是包括公司看门人在内的所有的人——似乎都认为这其中必定有某些神秘的奥妙。迄今为止，谈论管理的书就和谈论减肥的书一样汗牛充栋、数不胜数——或许我可以在这里附加一句，谈论成功的书也是如此。

然而，铺天盖地的减肥书对我们有什么用处呢？事实上，它们所介绍的一切都等同废话，除非你牢牢记住这一点：不要吃太多。这仍然是控制和减轻体重的惟一途径。如果你不尊奉一些简单朴素的原理，连篇累牍地去看那些书本又有何益处呢？

今天，教领导者管理方法的书已经有很多。本书当中，作者力求以一种简捷的方式，每段用近似智慧箴言的方法，着重用最简捷的文字，讲最智慧的道理。

它的产生还源于一个故事：

1000年前，在去雅典的路上，两个诗人见面了。他们都为相见而高兴。

高个子的诗人问矮个子的诗人：“最近你写了什么诗歌?”

矮个子的诗人自豪地回答道：“刚刚完成一首，是我在所有诗歌创作中最伟大的一首，可以说是希腊已知诗歌中最伟大的一首。是为伟大的宙斯而作。”

他一边说，一边从斗篷里取出一卷羊皮纸说：“看，就是它，我一直将它带在身边。我很乐意把它念给你听。过来，我们一起坐在那株白皮松的树阴下吧。”

矮个子的诗人开始朗诵他的诗歌，这是一首很长很长的诗歌。

高个子的诗人听完长诗后，亲切地对他说：“这的确是一首伟大的诗。它将与世共存，它会为你增光。”

矮个子的诗人满意地问道：“那么你最近写了些什么诗歌？”

高个子的诗人回答道：“我写了，但数量非常少，只写了8行，是回忆一个孩子在花园里玩。”

随后，高个子的诗人背诵了自己的短诗。

矮个子的诗人说：“不错！不错！”

千里摆长亭，没有不散的席。两人难舍难离地分手了。

……

1000年后的今天，高个子诗人的8行短诗已成了脍炙人口的作品。

矮个子诗人的长诗，确实年复一年地在图书馆和学者的书房里传下来了。虽然它没有被遗忘，但是并不为人所钟爱，也没有人去朗读。

我们无意诋毁长篇著作，但是谁也不能否认，那些脍炙人口的、被世人传颂的，大都是短小精悍的作品。所以在本书中，我们尽量采用短小的篇幅，三言两语说明一个道理，绝不拖拉。

本书可以作为一本管理的枕边书，闲时随手拈来读上一两则，便有所启发，有所感悟。当你读罢此书，也许会掩卷长叹：其实，管人管事就这么简单！

李伟

2012年12月于北京

001

杀鸡不能儆猴

有的管理者为了敲山震虎、警戒众人，总愿采取“杀鸡给猴看”的批评方式，其实效果并不一定好。杀鸡给猴看，猴子不看怎么办？总不能连猴子一块杀掉了事。

人的思想是复杂的，靠简单的威吓和批评扩大化的方法，并不能很好地解决问题。因为人固有的自尊心，使他在众人面前挨了批评后，内心自然产生屈辱感，生出愤愤不平之意。而对在场的其他人说来，本来是想要大家从中受到震动和教育，结果事与愿违。在场的人，有的要从中评头论足，有的会对被批评者寄予同情，有的认为与己无关而视这种批评为耳旁风。

正确的方式是，不能在众人面前使他尊严扫地，而要在没有第三者在场时，一对一地单独进行，要视对方对问题的认识程度以及内心思想根源进行批评。如果认为单刀直入批评会招致对方反感时，应和他离开工作场所，耐心倾听对方陈述，然后再提出自己的规劝。

领导智慧：

杀鸡给猴看，猴子不看怎么办？总不能连猴子一块杀掉了事。人的思想是复杂的，靠简单的威吓和批评扩大化的方法，并不能很好地解决问题。

002

为继任者着想

唐太宗知道自己快要死了，就把贤臣李勣贬到偏远的地方，并且下令说，如果李勣不肯到那地方上任就杀死他。李勣一接到命令，就无可奈何地赴任了。

李勣就任以后，唐太宗告诉太子李治："我把李勣贬到偏远边区，是因为他的才能卓越。你即帝位以后，要马上把他召回京里予以重用。这样他就会对你心存感激，成为忠心不二的股肱之臣。"

不久，唐太宗去世，唐高宗即位。他照着父王的话去做，立即召回李勣加以重用。果然如唐太宗所言，李勣为了感谢唐高宗的洪恩，尽忠职守。

一个全心全意为企业发展而考虑的管理者，他会把企业可持续发展作为自己的责任。在他任职期间，他不仅会恪尽职守，而且也会为企业以后的发展着想。因此，他在选择人才时就将此视为一重要因素。

领导智慧：

一个全心全意为企业发展而考虑的管理者，他会把企业可持续发展作为自己的责任。

003

对于不讲道义的员工，决不能手软

无论如何，开除员工都不是一件令人舒服的事，对于双方都一样。但是如果对方毫无忠诚、不讲道义，这是你唯一不会因此而感到难过的时候。

例如你获悉一个员工准备离开，同时企图带走所有他能染指的东西——客户、档案、机密消息。你可安排他出差一天，当他不在时，清理掉他的办公室，换了锁。他一回来，立刻开除他。

这种做法并非诡诈或不得当，你得速战速决，所有的大公司都在这样做。

一个大公司的经理在财务上做了一些手脚。当他被请到总裁办公室，面对诸般证据而被开除的时候，工人们已经开始清理他的办公室了。

这样看来虽然冷酷无情，但也许是唯一能顺利结束这件事、快刀斩乱麻的好方法。

领导智慧：

决不做东郭先生。

004

绝对不可卷入桃色新闻

办公室里异性之间的微妙关系，一直是人人茶余饭后津津乐道的话题。只要一有风吹草动，当事人本身尚未理清彼此感觉，旁观者的敏锐嗅觉却早已发挥威力，传闻已不胫而走。

为避免使自己成为绯闻的主角，平日在言谈举止方面就应当谨守规范。

最好你的办公室不要安排异性，你办公室的门也不要经常关着，说话要尽量大声，以免别人怀疑。

现代心理学研究证明，人际交往中的生理距离的不同会带来心理效果上的不同。人与人之间的距离代表着不同的亲密程度。

特别是男女之间的交往，更应加以注意。如果男性领导在与女下属交往过程中，突破了正常的人际距离，闯入到亲密的距离范围内，彼此的呼吸可听，彼此的气味可闻，眼神、表情的细微变化也历历在目，势必会形成某种刺激，引起不当的心理活动。

领导智慧：

绝对不可卷入桃色新闻。所谓好事不出门，坏事传千里，绯闻是传播速度最快的新闻。

005

官做得越大，越是需要包装

一个人刚当上领导，往往不像个领导，但是当过一段时间，慢慢就像了。

人的气质总是随着他的处境而变迁。基层的领导，总和群众打交道，口里就多了些街巷俚语，穿的也多是市井流行，偶尔要去见大官，刻意打扮一下，反而显得像刘姥姥进城似的。

慢慢官当大了，见的场面也大了，交往的对象层次也高了，气宇也就越来越轩昂。越大的官越是需要包装，需要注意形象。会晤贵宾时，步子该迈几步，握手该伸成哪种角度，留影该坐在什么位置，头发是往侧梳还是往后梳，都很有讲究。没有规矩不成方圆，规矩越练越熟，习惯成了自然，气质就出来了。

气质不是天生的。再大的官，当有人亲切地称呼他小名的时候，架子都得放下，不知不觉就卸了武装。

气质是修炼出来的，但并不是一个人独自修炼的结果，而是周围的人共同渲染的产物。当你位卑言轻，你只能说话小心谨慎，对人毕恭毕敬，别人看你是个小角色，你自己也无法摆出大架子。而当你终于混出名堂来了，周围的人都低眉顺眼敬请你指示的时候，你的气度自然就不凡了。

领导智慧：

领导气质是修炼出来的，没有规矩不成方圆，规矩越练越熟，习惯成了自然，气质就出来了。

006

成大事者不谋于众

不会独立思考的人，就是没有独立人格的人，甚至是没有独立灵魂的人。

很多人无视你的存在，总是要你往这边走、往那儿去的；他们最常挂在嘴边的是：“你应当……”“你不应该……”。一般人碰到这类要求，通常都很难回绝，尤其是如果提出要求的人是你最亲密的伙伴，“不”字就更难出口了。时日一久，这种互动关系定型，形成了一种默契或是彼此的承诺。

不要忘了，我们有权决定生活中该做些什么事，不应由别人来代做决定，更不能让别人来左右我们的意志，让自己成为傀儡。况且，他人并不见得比我们更了解情况，也不会比我们聪明到哪里去，所以，他们所提出的这类“理所当然”的事就很可能不是我们的最佳抉择。你的最佳抉择还是应该由自己进行深入分析、思考之后，所做的独立判断来取舍。

从现在起，做你自己，不要让别人的“理所当然”控制了你。

“成大事者不谋于众”，这一原则通俗地说，就是谋求特别重大的事情，不必与人商量。因为谋求非常重大事情的人，自己必定有非同一般的眼光、心胸与气度，自己看准了，去做就是了，如果去和别人商量，反倒麻烦。首先，如果别人见识低下，心胸狭小，气度平凡，必定不理解你的想法。七嘴八舌，会动摇你的意志，也会破坏你的信心和情绪。第二是人多心杂，还会出现走漏风声、葬送机会的可能。

领导智慧：

自己看准了，去做就是了，如果处处和别人商量，反倒增添麻烦。

007

拘泥于小节者常忽视大局

处理事情的时候，一味地强调细枝末节，以偏赅全，就会抓不住要害问题。没有重点，头绪杂乱，就会因不知道从哪里下手而做不成任何事情。因此，无论是用人还是做事，都应该注重主要方面，不要因为一点儿小事而妨碍了事业的发展。

须知金无足赤，人无完人。我们要用的是一个人的才能，而不是他的过失，那为什么还总把眼光盯在他的过失上呢？忍小节，就是不去纠缠于小节、小问题，要宽恕待人，用人之长。

很多男人常常会埋怨陪伴女人买东西，既费时间，又很劳累。她们不是对花纹不满意，就是对式样百般挑剔，或者觉得虽然式样勉强说得过去，可惜质料实在不行，由于各种因素而犹豫不决，结果常常空手而归。其实，这些毛病并非只有女人才有，一般人在工作的时候，也常会拘泥于小节而忽视大局。

我们看问题应该把着眼点放在较大的目标上。一个没有做成生意的售货员向经理说："买卖没做成，但我和那位客人吵嘴赢了。"在销售中，重要的是做成生意，而不是分出谁对谁错。

也就是说，我们宁愿失去一场战斗而赢得整个战争，也不愿因赢得一场战斗而失去整个战争。

领导智慧：

处理事情的时候，一味地强调细枝末节，以偏赅全，就会抓不住要害问题。

008

帮助别人往上爬的人，会爬得更高

在家庭事务中，在夫妻关系中，在父母与子女关系中，“合作”这个词扮演了一个极为重要的角色。如果妻子与丈夫并肩“作战”，就能很快地达到目标（如梦想的房子、车子等）。如果父母支持、理解子女的志愿，并从行动上予以大力支持或配合，子女们成功就快。没有合作，就没有幸福完美的家庭。没有合作，一个家庭就不能适应急变的社会。科学家曾在试验中发现，成群的雁队以“V”字形飞行，比一只雁单独飞行能多飞10%的路程。人类也一样，尤其我们朝夕相处的家庭，只要能跟同伴或者亲人合作而不是孤立与争斗，那么就会飞得更高、更远。

“帮助别人往上爬的人会爬得更高”，这句格言的意思是，合作可以加速你的成功。如果没有其他人的协助与合作，任何人都无法取得持久的成功。当两个或两个以上的人在任何方面联合起来，建立在和谐与谅解的精神基础上之后，这一联盟中的每一个人，将因此倍增成就他们自己的能力。

领导与员工之间保持完美的合作精神，可以使企业生机盎然，可以做到上下一致，加速成功。因缺乏合作的精神而失败的企业，要比因其他原因而倒闭的企业多得多。

领导智慧：

如果没有其他人的协助与合作，任何人都无法取得持久的成功。

009

诚于嘉奖，宽于称道

人人都喜欢恭维，不喜欢指责。人性中至深的本质就是渴求被人重视，人们对自重感的渴求远胜于食物和金钱。谁有能力满足这种内心饥饿的人的需要，谁就可以将他握在掌心，任意驱使。

寻求自重感的欲望是人与动物的主要区别之一，如果我们的祖先没有这种自重感的冲动，就不存在文化了。假如没有自重感的渴求，历史上就不会出现那么多伟大或显赫的人物。这个欲望激励林肯研读法律，当上美国总统；同样，这个欲望激励狄更斯写出他不朽的小说；也是这个欲望使洛克菲勒赚到了他一辈子也花不完的钱……自重感激励许多人成名，而名人仍为自重感挣扎着。历史上布满了这样有趣的例证：华盛顿更愿意被称为“至高无上的美国总统”；哥伦布请求得到“海洋大将印度总督”的头衔。因此，如果你想让别人做事，就必须“诚于嘉奖，宽于称道”。

卡耐基在《成功之路》一书中推崇过两个人：斯瓦伯和爱默逊。他们两人都善于赞许和鼓励别人。斯瓦伯在钢铁制造业取得成功，他说：“世界上最易抹杀一个人志向的，就是他上司的批评。我向来不批评任何人，我急于称赞，迟于找错。在我一生的广泛交往中，我还没找到一个人，无论如何伟大，地位如何高，在被批评的情况下，比在被赞许的情况下做得更好、更努力的。”

如果你想支配一个小孩，那么你就称他是“自立的男子汉”；在他拒绝吃早点时，你就鼓励他自己动手做一顿早饭，保准让他吃得津津有味。

领导智慧：

世界上最易抹杀一个人志向的，就是他上司的批评。

010

不要让人感到无以为报

初入管理层的人常犯的一个错误，就是“好事一次做尽”，以为自己全心全意为对方做事会令关系融洽、密切。事实上并非如此。因为人不能一味接受别人的付出，否则心理会感到不平衡。中国人讲究回报，“滴水之恩，涌泉相报”这也是为了使关系平衡的一种做法。如果好事一次做尽，使人感到无法回报或没有机会回报的时候，愧疚感就会让受惠的一方选择疏远。

在欧洲中世纪时期，一位雇佣兵首领拯救了一座城池，城内善良的百姓千方百计地想要报答他，可是用哪种方式好呢？

金钱似乎显得轻微，多少金钱才足够奖励保存一个城市自由的人的功绩呢？有人想让这名雇佣兵首领担任城市的主人，但又有人反驳说，鄙小的城市配不上他。最终人们采用了他们一致认为最完美的方式：吊死他，然后把他封为他们的守护圣人！

这就是雇佣兵首领得到的回报。

人际交往要有所保留的道理人人都懂，但是，如何做以及其中包含的心理学的道理未必都知道。留有余地，好事不应一次做尽，这也许是平衡人际关系的重要准则。

留有余地，适当地保持距离，因为彼此心灵都需要一点空间。而“过度投资”，不给对方喘息的机会，就会让对方的心灵窒息。留有余地，彼此才能自由畅快地呼吸。

领导智慧：

如果好事一次做尽，使人感到无法回报或没有机会回报的时候，愧疚感就会让受惠的一方选择疏远。

011

距离产生威严

美国是个讲究平等自由的国家，对任何人公然的歧视都有可能引来法律的麻烦。但是在美国的军队里，军官有军官的俱乐部，士兵有士兵的俱乐部，泾渭分明。不同军衔的人进各自不同的门，从来不会混淆，理所当然。

一个军官，如果让士兵看到你喝得烂醉、东倒西歪，还被几个女子嘻嘻哈哈地推来搡去，第二天，他还怎么能在士兵面前厉声训斥而不被觉得滑稽可笑呢?

距离产生威严。

上级和下级之间，偶尔的亲近可以让人感动，太多的亲近则失去威严，不分彼此的哥们弟兄，更是让你的姿态再也不可能高起来。

仰视一旦变成平视，那么俯视就不可避免。而俯视是极可能导致藐视和鄙视的。

领导智慧：

再伟大的人其实都是凡人，都有平庸琐碎的一面，要让人对你保持敬畏，最稳妥的办法就是只让人看到应该看到的。

012

不要毁了他人的进取心

有一个人在45岁的时候，突然想去学习跳舞，他请过两个老师。

“所请的第一位教师，也许她告诉我的是真话。她说的全部都对，我必须将一切忘掉，重新开始，但那样使我灰心。我没有动力继续，所以我辞了她。”

“第二位教员或许是说谎，但我喜欢她。她冷淡地说，我的跳舞姿势或许有点旧式，但基本功是不错的。并且使我确信我不必花费很多时间就可以学会几种新的舞步。第一位教师因为着重我的错误而使我灰心，这位新教师正好相反，她不断地称赞我所做得对的事，减轻我的错误。‘你有天生的韵律感觉，’她肯定地对我说，‘你真是天生的一位跳舞专家。’现在，我经常告诉自己，我以往总是，将来也总是一个四等的跳舞者，但在我内心的深处，我仍喜欢想或许她是真意。确实，我付钱使她说那话。那么为什么前一位教师则要将话说穿呢?”

“无论如何，我知道，如果没有她告诉我有天生的韵律感觉，我就很难有什么进步。她那样鼓励了我，给了我希望，并使我不断进步!”

你要是跟你的雇员说他对某件事显得很笨，很没有天分，那你就做错了，这等于毁了他所有要求进步的心。

但如果你用相反的方法，宽宏地鼓励他，使事情看起来很容易做到。让他知道，你对他做这件事的能力有信心，他的才能只是还没有发挥出来。这样他就会见到黎明，以求自我超越。

领导智慧：

你要是跟你的雇员说他对某件事显得很笨，很没有天分，这等于毁了他所有要求进步的心。

013

对待“墙头草”的三种办法

对待专门溜须拍马、奉承上司而毫无工作能力的“墙头草”，方法最简单，请他走人就是了。当然，如果他确是无能之辈，也该让他走人。况且他还专善阿谀奉承，你周围有这么一颗不知何时爆炸的炸弹，你说你还会有多少好日子可过。所以，及时让他走人比什么都强。

对于有一定能力而又有些奉承爱好的员工，最好给他找个合适的位子。

这类人不好简单辞掉，因为他还有一定能力。也不可委以重任，因为他不仅能力平庸，还爱溜须拍马，委以重任的话，迟早会坏了你的大事。在你的单位中要做到人尽其才，不光指有效地利用人才，也指使用这些能力一般而又有某些毛病的人。这类人有的时候还为数不少，是一支不可忽视的力量。

对于这类人要注意批评教育并采用不同的方式方法。要耐心，不能急于求成，这种毛病的养成不是一朝一夕的事，改正起来也一定不容易。在这个时候，你要格外注重策略，注意态度，争取从根本上扭转他们的认识，改正他的毛病。当然，首先要从你自己做起，打压那些阿谀奉承的行为。

对于那些确有较强能力却也喜好溜须拍马的“墙头草”，你一定要小心对待，这些人弄不好会造成极大的麻烦。

对待这种人，首先你要依据他的实际能力委以相应的职务。起码在他们眼中，你不能成为不识才的领导者。这影响着他们的工作热情，而且也带动着一批人。

领导智慧：

对于那些确有较强能力却也喜好溜须拍马的“墙头草”，你一定要小心对待，这些人弄不好会造成极大的麻烦。

014

无论什么时候，都不要显得比别人聪明

不论你用什么方法指责别人，你可以用一个眼神、一种说话的声调、一个手势，就像话语那样明显地告诉别人——他错了，你以为他会同意你吗？绝对不会！因为这样直接打击了他的智慧、判断力和自尊心。这只会使他反击，决不会使他改变主意。即使你搬出所有柏拉图或康德式的逻辑，也改变不了他的意见，因为你伤害了他的感情。

你永远不要这样开场：“好！我要如此证明给你看！”这话大错特错！这等于是说：“我比你聪明。我要告诉你一些道理，使你改变看法。”

那是一种刺激人的挑战。那样会引起争端，使对方远在你开始之前，就准备迎战了。

即使在最融洽的情况下，要改变别人的主意都不容易，那又为什么要使它更不容易呢？为什么要使困难再加一层呢？如果你要证明什么，就要讲究方法，要使别人对你的证明感兴趣，使对方在无意中接受你的证明。也就是说：

必须用若无实有的方式教导别人，提醒他不知道的好像是他忘记的。

正如英国19世纪政治家查士德·斐尔爵士对他的儿子所说的：

要比别人聪明——如果可能的话，却不要告诉人家你比他聪明。

在耶稣出生的2000年前，埃及阿克图国王，曾给予他儿子一个精明的忠告——这项忠告在我们今天仍极为重要。4000年前的一天下午，阿克图国王在酒宴中说：

“谦虚一点，它可以使你有求必得。”

领导智慧：

必须用若无实有的方式教导别人，提醒他不知道的好像是他忘记的。

015

要合作，不要拆台

钓过螃蟹的人都知道，篓子中放了一群螃蟹，不必盖上盖子，螃蟹是爬不出去的。因为只要有一只想往上爬，其他螃蟹便会纷纷攀附在它的身上，结果是把它拉下来，最后没有一只能够出去。螃蟹从来都没有想过要集体逃出篓子，它们只顾自己而不惜其他螃蟹的努力。

在一个团队里，常常会出现“螃蟹大军”那种状况。有一些人，嫉妒别人的成就与杰出表现，天天想尽办法破坏与打压。如果不予去除，久而久之，组织里会只剩下一群互相牵制、毫无生产力的“螃蟹”。

世界正逐步向简单化、专业化、标准化发展，于是合作的方式就理所当然地成为了这个时代的产物。一个由相互联系、相互制约的若干部分组成的整体，经过优化设计后，整体功能将远远大于部分功能之和。

天鹅、梭鱼和虾，一起想拉动一辆装载并不是很重的车子。它们拼命地用力拉，可是车子并没有动。因为天鹅努力地挥动翅膀冲向天空，虾尽力向后拖，梭鱼使劲地向水里拉。当然车子还在原地一动也不动。

工作也是一样，员工之间不协调，任何简单的工作都开展不好。

领导智慧：

员工之间关系不协调，任何简单的工作都开展不好。

016

团结比自己更强的力量，从而提升自己的身份

一个人去鸟市买鹦鹉，看到一只鹦鹉前标着：此鹦鹉会两门语言，售价200元。另一只鹦鹉前则标着：此鹦鹉会4门语言，售价400元。

该买哪一只呢？两只都毛色光鲜，非常灵活可爱。这人转啊转，拿不定主意。结果突然发现一只老掉了牙的鹦鹉，毛色暗淡散乱，标价800元。这个人赶紧将老板叫来："这只鹦鹉是不是会说8门语言？"店主说："不是。"这人奇怪了："那为什么又老又丑，又没有能力，会值这个数呢？"店主回答："因为另外两只鹦鹉叫这只鹦鹉'老板'。"

真正的领导人，不一定自己能力有多强，只要懂信任、懂放权、懂珍惜，就能团结比自己更强的力量，从而提升自己的身份。

相反，许多能力非常强的人却因为过于完美主义，事必躬亲，什么人都不如自己，最后只能做最好的公关人员、销售代表，一辈子替人打工，成不了优秀的领导人。

领导智慧：

真正的领导人，不一定自己能力有多强，只要懂信任、懂放权、懂珍惜，就能团结比自己更强的力量，从而提升自己的身份。

017

要管头管脚，但不要从头管到脚

聪明的领导者不是事必躬亲，而是运筹帷幄。现代领导理论认为，领导者必须做领导工作，不要干预或包办下属的事情。

倘若领导者事必躬亲，一方面丢掉了自己应该做的更重要的事情，另一方面则挫伤了下属的积极性，使他们变得没有主见、不负责任，也无法提高能力。当然，领导者有时应该干些具体的工作，因为这有助于加深与下属的感情，并从中汲取智慧和营养。但必须明确：这绝不是领导者的“正业”。“大事小事亲手干，整天忙得团团转”的领导者，肯定不是一位称职的领导者，而是一位劳动模范。领导者的“正业”是运筹帷幄，他应该专门干下属干不了的事情或突发的、非常规的事情，应该下属做的事情由下属自己干。使之有职有权，他们能增强责任感，并在工作中逐步减少差错和提高工作效率。

领导者最大的本事是发动别人做事。领导者要管头管脚，即指人和资源，但不能从头管到脚。

领导智慧：

要做一名领导，决不要做一名劳动模范。

018

让下属感觉到自己很重要

尊重下属是领导者应具备的品格，也是调动下属积极性的一种领导艺术。一个领导者必须学会尊重人，因为尊重是一种巨大的力量。国外有的企业家把尊重人当作是激励人的智慧、同心同德搞好企业的一条宗旨。这一点很值得我们借鉴。

在奥斯特利兹战役开始的前夕，拿破仑巡视全军，从这处营火堆走到另一处营火堆。每当他停下来，官兵们都上来围住他。拿破仑和他们谈笑，并对他们的忠贞表示感谢。他向士兵们保证明天这一仗一定会获胜，并说明他已经准备好了医疗急救，一旦有人受伤，绝对会立即受到照顾。

“答应我们，”一位老兵朝他高喊，“您自己要远离炮火！”

“我会的，”拿破仑满脸感激地回答说，“我会留在预备队中，直到你们需要我的时候。”

的确，尊重下属，就是要使下属感觉到他很重要，领导者非常看重他们。其实每一个人心中都有这种期待：“让我感到自己重要。”这是每一位领导者面对下属的时候应该想象到的。

领导智慧：

一个领导者必须学会尊重人，因为尊重有一种巨大的力量。国外有的企业家把尊重人当作是激励人的智慧、同心同德搞好企业的一条宗旨。

019

强大是一切取胜者的法则

国家需要力量，人也需要力量。这是一个优胜劣汰的社会。

我们经常听到身边的人说：“我为什么总找不到漂亮的女人呢?”因为你没有力量，你没有强大到足够吸引她们。还有的女孩为失恋而痛苦，为被男人抛弃而伤心。你不要埋怨别人，要埋怨就埋怨自己，你为什么不够强大呢？如果你能强大过他，那就只有你抛弃他，而没有他抛弃你的份。

强大、有力量是一切取胜者的法则，弱者总是悲惨的，总是要被别人摆布的。我们讨厌我们的上司，我们瞧不起他们，但是讨厌他们还得巴结他们，因为他们有权力，他们比我们在这点上强大。达尔文指出，动物世界，弱肉强食。实际上人的世界也到处是竞争，总是优胜劣汰，这是一个属于强者的世界。

古人说：将相本无种，男儿当自强。人生是没有定论的，大家都在生命本能的冲动下互相撞击，当然是力大者胜。

“成则为侯，败者为寇”。不要埋怨，不要哭哭啼啼，这是小家子气，你的一切不如意，你的一切不满，都是因为不够有力量。将怨气、将不满深埋在心里，让它们转化为获取力量的动力。

领导智慧：

强大、有力量是一切取胜者的法则，弱者总是悲惨的，总是要被别人摆布的。

020

不要让亲朋频繁地出入你的办公室

领导者的家庭住址最好与公司距离较远。虽然每天上班要来回坐车，却可以有效地把公事、私事分别开来。领导者在与自己的亲戚朋友往来时，留给他们的个人地址应该是家庭住址，而不是办公室；留给他们的电话号码也应是家中的而不是办公室里的。亲朋好友找你时，可直接到家中，同样也避免了那些送礼的人把礼物抬到你的办公室里的尴尬。

领导的一些重要的私人关系，不宜向员工、同事透露。如果领导的亲人、朋友过多地出入于办公室，不但泄露你一些私人的秘密，同时也会造成公司高层人物对你的不信任。

不要让亲朋频繁地出入你的办公室，不单单是公私分明的问题。我们承认，每个人都有一些虚荣心，特别是在公司举足轻重的领导人，当然会有一些殊遇。如此前呼后拥的景象，一旦被亲朋看到，肯定会风光无限，这也就是一些领导人喜欢在办公室接待亲朋的原因吧。

说到底，这只是小小的虚荣心在作怪，这种做法的危险不只在于会暴露你的私人关系网，你想过没有，花无百日红，人无千日好，一旦哪天你的亲朋好友反目成仇，闹到你的单位来，你的后果是什么？

领导智慧：

为了你的前程，为了你的形象，一定要记住一句话：公司办公室不是你家的客厅，不可把过多的私人关系带进办公室。

021

先示弱，后逞强

如果你很强，但不要逞强，装作是个弱者，这会帮助你减少来自另一个强者的攻击；如果你非常有才能，请不要锋芒毕露，装作是个才智平平的人，这会避免忌妒者对你暗下黑手。

面对强敌，把自己伪装成无足轻重的弱者，这是一种“勇而示怯”、“强却示弱”的策略，如此既能避开敌人的杀伤力，又能很有效地保存实力。

是的，当你还处在弱势时，为了避免成为强大敌人优先“照顾”的目标，你一定要装得无关紧要，或者装得对他威胁不大，将敌人麻痹住，你才有可能自保，并图长足的发展。

毛泽东同志曾在《中国革命战争的战略问题》里写道：“谁人不知，两个拳师放对，聪明的拳师往往退让一步，而蠢人则其势汹汹，劈头就使出全副本领，结果却往往被退让者打倒。”他还举了《水浒传》里林冲与洪教头比武的例子：洪教头在柴进家中，向林冲挑战，连唤几个“来”、“来”、“来”，洪教头挥棍便打，结果让先退让一步的林冲看出破绽，一脚踢翻在地！

在社会中生存也是这样，你要想日子过得舒坦一些，也必须用“先示弱，后逞强”和“做人低调，不要显摆”等话时刻警示自己。

领导智慧：

面对强敌，把自己伪装成无足轻重的弱者，这是一种“勇而示怯”、“强却示弱”的策略，如此既能避开敌人的杀伤力，又能很有效地保存实力。

022

阎王爷不和小鬼称兄弟

有些管理者认为，越平易近人，越和下属打成一片、称兄道弟就越好。其实，这种看法是错误的。如果你是个主管，请你回想一下，你是否经常与你的下属共同出入各种社交场合？你是否对你的某一位知心的下属无话不谈？你的下属是否当着其他人的面与你称兄道弟？如果已经出现了上述几种情况，那么危险的信号灯已经亮了，你需要立即采取行动，与你的下属保持一定的距离。

俗话说得好：有距离才有美。适度的距离对管理者是有好处的。即使你再“民主”，再“平易近人”，也需要有一定的威严。当众与下属称兄道弟只能降低你的威信，使人觉得你与他的关系已不再是上下级的关系，而是哥们了，于是其他下属也开始对你的命令不当一回事。隐私对于每一个人来说都是必要的和重要的，让你的下属过多地了解你的隐私，对你来说只能是一种潜在的危险。你敢肯定他哪天不会把你的秘密公之于众吗？你能确定他不会利用你的弱点来打倒你吗？这实在是太可怕了。

你可以是下属事业上的伙伴，工作上的朋友，但你千万不要与他成为“哥们”。

领导智慧：

有距离才有美。适度的距离对管理者是有好处的。即使你再“民主”，再“平易近人”，也需要有一定的威严。

023

不要急着当老大

当“老大”不容易，因为不论研发、行销、人员、设备，都要比别人强，为了怕被别的公司超过去，便不断地扩充、投资，换句话说，要花很多力气来维持“老大”的地位。这样太辛苦了，而且一旦没弄好，不但老大当不成，甚至连想当老二都不可能。

不只从事企业经营如此，管理也是如此。像主管就是该部门的“老大”，这老大为了保住他的位子，不但要好好带领手下，也要和上级搞好关系，以免遭人排挤。有功时，主管当然功劳第一，但有过时，主管也是首当其冲。然而相对来说，当副主管的就没这么多麻烦了，表面上看来他不及主管风光神气，但因为有主管遮风蔽雨，可省下很多辛苦。何况也有当副手时没事，一当主管就出毛病的，所以很多人宁可当副手却不愿当主管。可见当“老大”的难处。

虽然说做“老大”有很多难处，但绝无劝阻人当“老大”的意思。如果谁有当“老大”的本事，也有当“老大”的兴趣和机会，当仁不让未为不可，也自有其风光所在！

因此，做事或经营企业，从老二、老三或老五做起都没关系，最好不要急着当“老大”。但也有一些暴发户“得志便猖狂”，平日里表现得态度傲慢，飞扬跋扈，爱以物炫人、以钱压人。但俗话说“猪胖了迟早有人杀”，卖弄到最后，其结果是把自己卖了！

领导智慧：

一滴水的最好去处是什么地方？那就是大海。再有本事的人也不过是一滴水，大众才是那片大海。

024

在严肃的场合，关掉手机

不知道你是不是有这样的经历：当你参加某个庄重的会议，或在某种严肃的场合，主持人总是要招呼大家把手机、小灵通关掉。这样做的目的，就是怕你手机的声音影响别人，给平静的气氛增添不协调的声音。

有教养的人，在严肃的场合，一般都会关掉自己的手机。如果凑巧没关手机，当电话打进来时，也不会去接电话而是迅速地关掉手机，不让自己手机的声音影响到别人。

领导智慧：

有教养的人，在严肃的场合，一般都会关掉自己的手机。

025

担起必要的责任

一个人要想赢得别人的敬重，让自己活得有尊严，就应该勇敢地承担起责任。一个人即使没有良好的出身、优越的地位，只要他能够勤奋地工作，认真负责地处理日常工作中的事务，就会赢得别人的敬重和支持。相反，一个人即使高高在上，却不敢担当责任，丧失掉基本的职业道德，便会遭到他人的鄙视和唾弃。

吉姆是一家大型汽车制造公司的车间主任，管着100多名安装技工。有一次，他带着几名员工组装一辆高级小轿车。安装完毕，恰逢总裁和他的几个朋友到车间巡视，其中有一位发现了这辆小轿车安装上的失误。因为总裁在场，吉姆怕自己挨训，于是就把责任推给了他的下属。总裁看到他这种做法，勃然大怒，当着全车间的人，训斥了他。

我们中许多人之所以一生一事无成，全因为在自己的思想和认识中，缺乏勇于担当、敢于负责这种精神。他们常常以消极、不负责、自由散漫的态度面对工作和生活，到最后，只能被工作和生活淘汰出局。

因此，从现在开始，你就要努力改变态度，培养自己的责任感。唯有如此，你才能在自己的内心深处爆发出无穷的力量，无论遇到任何情况，公司或老板都会将你作为留住重用的关键人才。

领导智慧：

一个人要想赢得别人的敬重，让自己活得有尊严，就应该勇敢地承担起责任。我们中许多人之所以一生一事无成，全因为在自己的思想和认识中，缺乏勇于承担、敢于负责这种精神。

026

不可冷落任何人

谈话时排除他人，就如同宴会时赶走客人一样荒唐和不可思议。

千万记住，不要冷落任何人，让你的双眼环视着周围每一个人，留心他们的面部表情和对你谈话的反应。

在众多人的聚会中，常有少数人被无情地冷落，假如被你冷落的恰巧是来日对你事业前途至关重要的人物，那将会有怎样的后果呢？

因此，不要冷落任何人，即使他的言行举止是多么令人生厌。“己所不欲，勿施于人”，想想自己被人冷落的滋味。

要使别人觉得你的谈话洋溢着饱满的热情，因而很感兴趣，却不是在坐“冷板凳”。

领导智慧：

千万记住，不要遗漏任何人，让你的双眼环视着周围每一个人，留心他们的面部表情和对你谈话的反应。

027

不要担心别人超过你

美国有一位农场主，由于他的勤奋与智慧，使得他所种的农作物每一年都能获得当地农会竞赛的最高荣誉“蓝带奖”，而得奖后他也一定将他所获奖的最佳品种分送给他的邻居们。

大家都觉得奇怪，难道他不怕别人获得了他得奖的品种，会在下一次的比赛中胜过他吗？对此，他微笑着答道：“我无法避免因风吹而使邻居的花粉飘到我的田里。倘若我不将好的种子分给每个邻人，那么飘过来的花粉不好，也必然会使我的田地产不出好的品种，唯有我周围的品种都是好的，才能保证我的田里产出最好的品种。而我在得奖之后，不会就此松懈偷懒，坐享其成，仍然会继续努力研究改良，因此我能连续不断地获得最高荣誉，因为当别人赶上我去年的水准时，我早已又往前迈了一大步。所以我从来不担心别人超越我，相反，若有人超越我，将带给我精益求精的动力，让我追求更大的进步空间。”

许多人常常吝于与人分享，深恐别人知道自己的成功方法，将会超越自己。如此一来，使自己丧失了再成长、进步的氛围与动力。

领导智慧：

许多人常常吝于与人分享，深恐别人知道自己的成功方法，将会超越自己。如此一来，使自己丧失了再成长、进步的氛围与动力。

028

要下属明白“军令如山倒”

若部属能够依照你的意愿完成所交给的任务，是很好的事。但是在现实生活中，并非一切皆如此顺利，相信你一定有过因遇到阻碍而无法达成工作目标的经历。

无法达到预期的营业额、经费超出预算、拿不到预约的原材料、无法在约定期限内交货、无法收回成本……诸如此类的情况，相信你经常碰到。或许你也可能经常听到下属的申辩：“这很难办呢”，“请再多宽限几天”，“我已经尽力了”等等。遇到这种情况，你应该如何处理呢?

基本的原则是，不可轻易地向部属妥协。虽然达成目标并非易事，既然目标已定，就应该照着去做，并按时间要求去完成。如果每次都因下属的抱怨而重新修正原来的计划，任务的内容就会变得含糊不清，计划也就失去了权威性。

即使部属有些不情愿，你仍然坚定地重复你的命令。你需要明确告诉对方：“不要净说些丧气的话，努力去做!”不能纵容下属养成讨价还价的毛病。对下属来说，上司的命令不容辩解，这就是军令如山倒。

领导智慧：

如果每次都因下属的抱怨而重新修正原来的计划，任务的内容就会变得含糊不清，计划也就失去了权威性。

029

消除下属的闲言碎语

消除下属闲言碎语最简单的方法，就是给他们工作干，别让他们闲着。这样，他们就没有工夫去琢磨对你不利的事情了。

北宋太平兴国年间，原先五代十国归降宋朝的数位君主纷纷不明不白地死去。那些跟随君主而降的旧臣常有人议论纷纷，口出怨言，对朝廷说三道四。于是，宋太宗把亡国故臣、失意之人纷纷网罗来，安置在馆阁里任职。宋制设昭文馆、史馆、集贤院三馆，另增设秘阁、龙图阁、天章阁等，分别掌管图书经籍及编国史等事务。这些人拿着皇家的钱粮俸禄，整天忙着编纂各种书籍。这些书本身卷帙浩繁，其性质都是杂采古代经卷，分门别类加以纂订编汇。翻检查阅图书的工作量比写下来的文字量更不知大多少倍。

《宋稗类钞·君范》说："役其心，后多老死于文字之间。"道破了宋太宗网罗旧文人的目的与他们的结局。这种手法虽消极，但更高明，虽不能充分利用文人旧士的思想为自己的统治服务，但可不用担心这些人再有什么不敬的言论，每日的书就够他们翻的了。把他们牢牢拴住，宋太宗也因此赢得"尊知重教"的美名。

领导智慧：

消除下属闲言碎语最简单的方法，就是给他们工作干，别让他们闲着。这样，他们就没有工夫去琢磨对你不利的事情了。

030

员工第一，客户第二

罗森布鲁斯认为“员工是第一位的，客户是第二位的”，这似乎与现代商家极力推崇的“顾客第一”相互冲突。

但实际上，如果企业将员工放在第一位，员工就会以企业对待他们相同的方式来对待客户。

如果你希望你的员工尊重客户，那你必须首先尊重员工——重视员工的需要。这就是专家对企业管理者的忠告。

领导智慧：

如果你希望你的员工尊重客户，那你必须首先尊重员工。

031

把事情交给忙碌的人

无论多么伟大的人，一天也只有 24 小时，无论是谁都要受时间的制约。如何有效地利用时间，是执行管理中最重要的环节。

被日本称为“重建大师”的大山总裁曾这样说：“想委任别人做事的时候，就要找那些忙着的人，问题就能迅速得到解决。”关于这一点，作为读者的领导者也深有体会吧。

不能把事情拜托给有时间的人，他们一般都是什么时候都磨磨蹭蹭的，什么也快不了，如果催促的话，就会说：“现在做的话，我没有那个时间啊。”但是，如果拜托给一直比较忙碌的人，他会马上就去做，因为他很明白时间的珍贵，所以做什么事情都很利落。而那些有时间的人，一般都不能有效地利用时间。

领导智慧：

想委任别人做事的时候，就要找那些忙着的人，问题就能迅速得到解决。

032

制度合理了，则事半功倍

人都贪利，只要有利可图，原来可恶的东西也会变得可爱。黄鳝的样子像蛇，蚕的样子像毛毛虫。人们看到蛇非常害怕，看到毛毛虫浑身就起鸡皮疙瘩。但是，你看农妇们用手拣蚕时神情自若，渔夫们捉黄鳝时丝毫也不害怕。这是为什么呢？这是因为养蚕、捉黄鳝有利可图啊！有利可图，人们就忘掉了这些东西的可怕可恶之处，面对这些东西，人人就都变得像勇士，个个勇往直前了。

17、18 世纪，英国经常要把大量犯人运送到澳大利亚，起初是按上船时犯人的人头给私营船主付费。私营船主为了牟取暴利，便不顾犯人的死活，每船运送人数过多，造成生存环境恶劣，加之船主克扣犯人的食物，囤积起来以便到达目的地后卖钱，使得大量犯人在中途就死去。更为严重的是，有的船主一出海就把犯人活活丢进大海中。

后来，英国政府为了降低犯人的死亡率，制定了新的办法和制度。他们重新规定，按照到达澳洲活着下船的犯人的人头付费。于是私营船主绞尽脑汁、千方百计让最多的犯人活着到达目的地。后期运往澳洲的犯人的死亡率相当低，最低时只有 1%，而在此制度实施之前的时期最高死亡率竟达 94%。

调动人们的积极性，要靠合理的制度。制度合理了，事半功倍；制度不合理，事倍功半。

领导智慧：

调动人们的积极性，要靠合理的制度。制度合理了，事半功倍；制度不合理，事倍功半。

033

左手“严刑重罚”，右手“法外施恩”

领导者既应懂得运用“严刑重罚”的威吓手段，也应懂得“法外施恩”的笼络手段。也就是在某些情况下，领导者以豁达宽宏的姿态出现，网开一面，当罚而不罚，本应受到惩罚的下属得到了宽恕，必然会产生强烈的负疚和报恩心理，死心塌地地为上司效力。

春秋时，秦穆公曾走失一匹钟爱的宝马，岐下300余山民将马杀后给吃掉了。承办此案的官员准备将这300多人全都杀掉，穆公却想马既然已经被吃掉了，处罚吃马的人也不能令其生还，还不如索性人情做到底，于是说：“君子不以畜产害人。吾闻食善马肉不饮酒伤人。”几年后，秦国与晋国发生战争，秦穆公受伤被围。当年吃马肉的人“皆推锋争死，以报食马之德”，解救了秦穆公的危难，并生俘了晋国国君。

在下属犯错误时，领导者先给下属冠之以严重的罪名，使他们自知问题的严重性。可是，当下属陷入绝望的境地之后，领导者又略施薄恩，在一定程度上减轻处罚。不难看出，领导者的这种“法外施恩”，在一定条件下非但不会松弛对下属的控制，反而会增加领导者人格上的感召力，驱使下属更加自觉自愿地为上司效力。

领导智慧：

领导者以豁达宽宏的姿态出现，网开一面，当罚而不罚，本应受到惩罚的下属得到了宽恕，必然会产生强烈的负疚和报恩心理，死心塌地地为上司效力。

034

以防为主，以救为辅

有一次，魏文王问名医扁鹊："你们家兄弟三人，都精于医术，谁的医术最高呢?"扁鹊答道："我大哥最好，二哥次之，我最差。"文王再问："那么为什么你最出名呢?"扁鹊答："我大哥治病，是治病于病情发作之前。由于一般人不知道他事先能铲除病因，所以他的名气无法传出；我二哥治病，是治病于病情初起时，一般人以为他只能治轻微的小病，所以他的名气只及本乡里；而我是治病于病情严重之时，一般人都看到我在经脉上扎针放血、在皮肤上敷药等动作，所以人们都认为我的医术最高明。"

同样，对待部属之间的矛盾，从管理学控制论的角度看，事后控制不如事中控制，事中控制不如事前控制，做到防患于未然。现实中许多企业负责人因忙于各种事务，在对待部属之间有矛盾时往往只是事后控制，如果是处理矛盾的艺术性不强，矛盾会越处理越多，越多越忙，越忙越乱，越乱越忙。结果是企业组织乱作一团，甚至根本无法正常运转。

所以说，不让矛盾发生是"防火"工作，矛盾出来后解决矛盾是"救火"工作。

领导智慧：

对待部属之间的矛盾，从管理学控制论的角度看，事后控制不如事中控制，事中控制不如事前控制，做到防患于未然。

035

优柔寡断是个恶习

有人喜欢把重要问题搁在一边，留待以后解决，这其实是个恶习。如果你有这样的倾向，你应该尽快将其抛弃。你要训练自己学会敏捷果断地做出决定。无论当前问题是多么的严重，你固然应该把问题的各方面都顾及到，加以慎重地权衡考虑，但千万不要陷于优柔寡断。你倘若有着慢慢考虑或重新考虑的念头，准会失败。即便你有一千次错误的决策，也不要养成优柔寡断的习惯。

公元前 1 世纪，罗马的恺撒大帝统领他的军队进攻英格兰。

恺撒虽然充满了必胜的信心，但他也要号召自己的将士与自己共同浴血奋战。他该怎么办呢？

在所有将士抵达英格兰后，他让人将所有运送他们的船只聚拢在一起，然后在大家惊愕的目光中，把船只烧毁了。

在满天的火光中，恺撒登上一处高地，大声说："现在所有的船只都已被烧掉了，也就是说，除非我们能够打败敌人，否则决无退路。"

将士们都明白失败就意味着死亡，所以奋勇作战，最后，终于获得了胜利。

当机立断的人，遇到事情就会迅速做出决策。而优柔寡断的人，进行决策时，总是逢人就要商量，即便再三考虑也难以决断，这样终至一无所成。

领导智慧：

即便你有一千次错误的决策，也不要养成优柔寡断的习惯。

036

不要急于搞“一朝天子一朝臣”

在上任不久，立足未稳，对原有干部还不了解的情况下，新领导应当处理好与原班子的关系。对原所有干部仍应持信任态度，这样有利于稳定干部队伍情绪，便于有条不紊地进行新老交替，也有利于自己站稳脚跟，打开局面。待到局势基本稳定之后，再有计划有步骤地整顿干部队伍。

如果一到任就搞“一朝天子一朝臣”，急于大换班，就容易使局势动荡，决策失误。用错一个人，影响一批人。人事上出现较大失误之后，那些受到伤害和冷落的人及其追随者的不满情绪就会迅速蔓延，这将是你今后长期工作的“不安定因素”。

如果恰恰在这时，上级对你支持的“热度”下降，内部又发生危机，便很容易形成“内外交困”的局面，使你没法再工作下去。这方面的教训是很多的，领导者要认真汲取。

领导智慧：

在上任不久，立足未稳，对原所有干部仍应持信任态度，这样有利于稳定干部队伍情绪，便于有条不紊地进行新老交替，也有利于自己站稳脚跟，打开局面。

037

用人不疑，疑人不用

大家都有过这样的感受，当你的上司怀疑你的人品时，你定会火冒三丈。要找他理论一番，脾气稍微温和者从此会士气大减，更有毒辣者，会暗中使坏。这些都源于一个“疑”字，结果会给你和公司带来极坏的影响。

因此，身为公司领导，一定要引以为戒。

三国时，刘备有一次被曹操追至当阳长坂，忙乱之间，有人来报说赵云已投奔曹操。刘备当即说：“赵云乃忠义之士，知交故友，此患难之际，必会忠贞不贰。”果然不久，赵云救回后主而归，流言不攻自破。

这里体现的就是一种信任下属、团结下属的精神。下属为何要为你鞠躬尽瘁？正是因为你衷心欣赏他的才华，肯定他的努力奉献，把他视为兄弟朋友。作为领导，无故怀疑下属，实乃一大忌。

对下属信任，一来可以展示你广阔的胸襟与忠实的人品，换取下属对你的信任与尊敬，二来可以作为一支兴奋剂，刺激下属竭尽全力，办好事情。因为谁也不愿在别人面前丢面子，显得自己很无能，得到了上司的信任，正是表现自己的绝佳时机，谁也不愿放过。所以，一句信任的话，一个鼓励的眼神都是展示领导魅力、换取下属忠心的有效办法。

领导智慧：

作为领导，无故怀疑下属，实乃一大忌。

038

不妨来点喜怒无常

喜怒无常常被人们形容为无道昏君的典型性格。事实上，这正是君主高明之处。他们有时把刺杀过他们的仇人任为高官；有时把自己最亲密的朋友残酷杀害；有时你吹捧他他会很高兴；有时赞美他却可能被杀头。君主这种“神秘莫测”的特性，源于对皇权垄断的特别占有欲，及对这种极端权力所产生的高度恐惧感。在封建社会君臣关系已完全为利害、血泪、仇杀关系所笼罩时，制度化的力量，道德伦理的制约作用，已变得微乎其微，只有依赖这种残酷、无常的皇权来控制了。

对于做大事的人来讲，宁让人憎恶而恐惧，也不让人夸奖而轻视。他们将臣属视为草芥，顺我者昌，逆我者亡，难以容忍臣属拥有自己的独立人格和个人主见。对于喜怒无常的君主来说，臣属更是他们滥施淫威、肆意凌辱的对象，臣属动辄得咎，战战兢兢，如履薄冰。

他这看似无理的行径，其实自有更深层的考虑：他宁肯让人们认为他喜怒无常而惧怕他，也不让人们揣摩透他的心思而为所欲为。

领导智慧：

对于做大事的人来讲，宁让人憎恶而恐惧，也不让人夸奖而轻视。

039

树立个人的品牌

品牌并不是名人的专利，当你形成了自己独特的个人品牌后，找工作就不是问题了。中国欧美同学会商会会长、北京大学光华管理学院客座教授王辉耀举例说，你如果在IBM做过经理，有不错的业绩，在业界树立了你的影响力，建立了自己的品牌，那么你还可能去做惠普的经理，去做摩托罗拉的经理等。像摩托罗拉大中国区前总裁陈永正就去做了微软大中国区的总裁，尽管他从来没有在微软做过，但他在业界有很好的影响力，所以能够在一个全球500强的企业中得到认可。

近年来，为了找到理想的工作，人们在简历上大下工夫，甚至玉照都成了简历的重要组成部分。而那些有个人品牌的人，从来就没有愁过工作问题，不仅如此，他们常常成为猎头公司追逐的对象。

所以有人感叹，个人品牌比漂亮的简历还有用。

领导智慧：

而那些有个人品牌的人，从来就没有愁过工作问题，不仅如此，他们常常成为猎头公司追逐的对象。

040

不要一屁股坐在某种“势力”的板凳上

任何单位都存在处理与各种“势力”之间关系的问题，领导要处理好同各种“势力”之间的关系，关键是要掌握虚实相间的艺术。

在重大问题上，要一视同仁，这一点就是要“实”。领导同各种“势力”之间的关系，应该是居高临下，处于支配地位。对各种“势力”起到领导、协调、引导、监督、制约的作用。

为了做到这一点，就必须遵循在重大问题上，“不偏不倚，一视同仁”的原则，使各种“势力”都感到你没有倾向性，是他们可以信赖的领导。尽管有时出于领导工作的需要，在这一时期可能较多地听取和采纳这种“势力”的意见，但这仅仅属于组织管理活动中的一种协调动作，而绝不是反映了领导的某种倾向性立场。

倘若领导真的一屁股坐在某一种“势力”的板凳上，那么，他会立即招致一系列意想不到的恶果：使自己从一个各种“势力”的合法领导，沦为某一种“势力”的袒护者，无法再对各种“势力”发挥协调平衡作用。只能对某一种“势力”发挥有限的影响作用，况且，自己还将受到这一种“势力”的强大影响和制约，人为地在自己面前树立众多的对立面，激化各种势力之间的矛盾，严重破坏整个管理机器的正常运转。

领导智慧：

绝不要只做一支小分队的队长，你要做陆海空的总司令。

041

说话简洁，才能语惊四座

凡事简洁明了，切中要害，既是一种机敏，也是一种智慧。

美国联邦最高法院的一位法官说，一件案子胜负的关键往往是对于案件中核心问题的辩论。有些律师出庭时，往往考虑到案子的重要性，就不得不把他的辩护词拉拉杂杂地讲了一大堆，并且还举出无数个证据来。结果，法官和陪审员被他搅得头都晕了，而且由于他的话语和细节太多，又容易被对方发现许多漏洞。

要知道，在法庭上是没有一分一秒的时间允许你多说一句废话的，法官和陪审员最爱听的是那些直截了当的辩护。无论你因何事而辩论，一定要用简洁透彻的方式来阐明。

如果你想成就大业，那么你就应该集中精力，如果你希望别人知道你工作的价值，那么你就应该化繁为简。因为，子弹只有密集才具有杀伤力。

“如果你希望自己的言语能够语惊四座，就应当尽可能简洁。”英国有位诗人曾说，“语言同阳光一样越浓缩集中，越容易将物品引燃”。

领导智慧：

如果你希望自己的言语能够语惊四座，就应当尽可能简洁。

042

不但有足够的薪酬，还要有足够的重视

在与企业家的接触中，发现许多人都有一个困惑：为什么自己给员工的待遇已经很优厚，可仍然留不住人，部分员工的积极性始终不高？而一些优秀企业，员工的待遇很一般，可员工们情绪饱满，士气旺盛？其实，原因并不复杂，它与管理方法是否民主有关。因为人不仅有生理和安全需求，而且有爱、尊重以及自我实现的需求，而民主管理正好能够满足员工的这些需求。

前不久，部分世界500强企业的人力资源主管和国内一些知名企业的同行，在国内搞过一次对话活动，专门探讨如何做好知识型员工的管理工作。会上，某跨国公司的外国老板抱怨，国内一些员工缺乏职业精神，动不动就跳槽，有时对方公司仅仅多给几千块钱，他们就能把一些骨干员工挖走。

话音未落，立即招来诸多国内人士的反驳。他们指出，跨国公司虽然付给一些骨干员工不低的待遇，可并没有真正信任他们，没有将他们视为公司的主人。如在公司内部晋升方面，在公司高层听取意见方面，就存在着明显的歧视现象。所以，尽管拿着不低的薪酬，员工们仍感到自己是打工仔，始终找不到主人翁的感觉。既然工作只是为挣钱，那么，有人愿意多给几千块钱，又何乐而不为呢？

可见，已有相当多的管理者开始意识到，民主管理是凝聚员工特别是高层次员工的重要举措。

领导智慧：

人不仅有生理和安全需求，而且有爱、尊重以及自我实现的需求，而民主管理正好能够满足员工的这些需求。

043

绝招不要轻易使出来

拉满弓对准敌人时，你让他干什么他就干什么。而一旦箭射出去了，威慑力就没有了，所以最后的杀招不要轻易使出来。

中国古代官场讲究新官上任三把火。三把火之后就开始给自己留后路了，表面上是雷厉风行，其实是雷声大雨点小，只要能让上司看到自己所谓的政绩就可以了。

《官场现形记》中描写了朝廷派出钦差大臣去整肃浙江官场的故事。那钦差大臣到了杭州，一下子就新造30副手铐脚镣、10副木钩子、4个站笼，并一下子查办了150多名官、幕、绅、吏，把浙江官场吓得战战兢兢。可这三斧子砍过，钦差就缓了许多，那些撤了职的人也不查办，抓了的人也不审讯。原来这钦差先吓唬一番，落个好名声，然后再捞回几个钱。过了几天，浙江巡抚与钦差接上线，彼此通过关节讲条件，钦差得了两百万，满载而归。

战国时，孟尝君的名气越来越大，在齐国是一人之下万人之上，甚至连当时最专横无比的秦王都感到既羡慕又害怕他。谁都想争取他，可他哪也不去，只是在家游山玩水，拜访天下豪杰。孟尝君就是善于先把能量蓄积起来，把自己的弓拉满，然后待价而沽。齐、秦争着要他。真是抢着的瓜甜，分着的饭香。秦王这一抢，可就奠定了孟尝君在齐国的稳固地位。至于孟尝君到底有多大的能耐，能为国家出多少力，那就不得而知了。

领导智慧：

拉满弓对准敌人时，你让他干什么他就干什么。而一旦箭射出去了，威慑力就没有了，所以最后的杀招不要轻易使出来。

044

谦虚要掌握好一定的分寸

面对别人的称赞，如果把自己说得一无是处，不但起不到谦虚的作用，反倒给人一种傲慢的感觉。

现实生活，类似这样的人屡见不鲜。比如有人称赞某影星演技高超时，她竟不屑一顾地说："这算啥?"言外之意，她的真本领还没有拿出来。再如有一位小说作者，受到几篇评论文章的吹捧，就飘飘然如坠五里云雾之中。当记者称赞他时，竟说什么"只不过手痒闲玩玩而已"，这种谦虚，充其量是一个"艺术阿混"，因为他对艺术缺少一种真诚的态度。

由此看出，谦虚要掌握好一定的分寸。有一天，人们对丹麦物理学家玻尔说："你创建了世界第一流的物理学派，有什么秘诀吗?"玻尔幽默而含蓄地说："也许是因为我不怕在学生面前显露自己的愚蠢。"玻尔对别人的赞扬，没有自我炫耀，但也没有完全自我否定。而是相对地肯定了自己"不怕在学生面前显露自己的愚蠢"的优点。他把自己的成绩归结为人人可以做到，又很难做到的优点，用来说明自己与别人并没有什么不同，也没有什么秘诀，既表现了自己的谦虚，又给人一种鼓舞的力量。

鲁迅先生说："哪有什么天才，我不过是把别人喝咖啡说闲话的时间都用在工作上罢了。"鲁迅先生否认自己是天才，却肯定自己珍惜时间这一优点，给人一种实实在在的感觉。

领导智慧：

面对别人的称赞，如果把自己说得一无是处，不但起不到谦虚的作用，反倒给人一种傲慢的感觉。

045

寻找德才兼备的人

曹操平定了袁绍之后，打算攻打刘表，他把驻守在外的曹仁叫回来商议。曹仁回来的时候，曹操正在睡觉。曹仁直接进了屋子来找曹操，曹操手下大将许褚奉命守护曹操，不放曹仁进去。曹仁大怒说："我是曹丞相的亲戚，你只是个外人，怎么敢挡我的去路?"许褚不急不恼地说："将军与丞相虽然是亲戚，可您现在却是领兵在外；许褚虽然不是曹丞相的亲族，现在却担当着丞相的贴身侍卫。我不能放你进去。"说着，手摁在剑柄上。曹仁不敢硬闯，只好等到曹操醒来才进见。曹操听了这件事后，对许褚大加赞赏。

在一般情况下，忠于职守的下属，比有才华的下属更忠心于领导。故此，领导更愿选择前者而放弃后者。这样做，有利于很好地把他们掌握在手中。曹操当年在白门楼抓住了吕布，吕布毫无疑问比许褚厉害，可曹操还是把吕布杀了，就是这个原因。

再者，提拔那些忠诚可靠但表现可能并不那么出众的职员、下级，这更利于公司的利益。同样的道理，如果领导选择了不忠诚的下属，这位下属总是同公司对着干或者"身在曹营心在汉"，那么这位下属的能力发挥得越充分，对公司的利益损害越大。

所以选择一个有才能但不忠于职守的人，无异于在身边埋下了一颗定时炸弹。

领导智慧：

选择一个有才能但不忠于职守的人，无异于在身边埋下了一颗定时炸弹。

046

信任当然必要，监督也必不可少

没有被执行的命令是毫无作用的，因此管理者应当注意让命令有效的方法。

命令并不是向下属发布之后就没事了，信任下属当然有必要，但你的监督也必不可少。

切记，即使在你日理万机、分身乏术的情况下，也不要放弃监督的权力！

为什么有许多命令或指示下达后总是受阻呢？就是因为管理者没有监督自己命令的执行情况。

你发布一条命令，大家听明白了，你笑了，你感到心满意足，你认为自己做了一件很棒的事。你回到你的办公室，端起茶水看早报，一切顺利，天下太平。

这期间，事情似乎进行得很顺利。你的命令被执行得适当而迅速，你可以高枕无忧地去钓鱼，事情能是这样吗？不会的，绝对不会的。为什么呢？因为一个没有检查监督的命令就不称其为命令，这只是一种美好的想法。

要保证工作顺利进行，你的命令就必须得到认真的贯彻，你必须自己亲自去检查工作，因为下级不敢忽视上级的检查。换句话说就是“不检查总会有疏忽”。

切记，一个命令如果缺乏监督和检查，那么和没有这个命令毫无区别！

领导智慧：

一个没有检查监督的命令就不称其为命令，这只是一种美好的想法。

047

先“处其位”，尔后才可能“谋其政”

有些精英人物为了培养自己下一代的领袖气质，在孩子很小时就带着他们参加各种高层会晤，让他们耳濡目染，现场学习上层人士的行为举止。

在李泽钜和李泽楷八九岁时，李嘉诚便为他们专设小椅子，让他们列席公司的董事会。穿着上则钟情于双襟西装及吊带，显得非常洋化，很像富贵圈中骄纵的小公子；国民党荣誉主席连战在少年时期，他的父亲连震东经常带着他出入名门，参加名流聚会，养成了他的公子做派；河北巨力集团总裁杨子在他14岁时，也遵照父亲的要求穿着小西装，挂着胸牌，和长辈们一起参加公司高层会议。

西方有句名言：“你可以先装扮成‘那个样子’，直到你成为‘那个样子’。”这在竞选过程中是绝对的真理。参选人首先要把自己当成领导者，然后选民才可能相信他能够作为领导者，并愿意投票给他。也就是说，只有先“处其位”，而后才可能“谋其政”。这是一个提前上位的过程。不管是否当选，每个参选人在心理上都已经担任了一段时间的领导职务。

形象设计师英格丽·张告诫人们，像领导那样举止，像领导那样说话，那么，你就是领导。

大凡成功者都会有意识地运用这些独特符号，向外界传递自己的强势身份信息。而那些希望自己跃上一个更高台阶，希望在谈判交易中获得强势地位的人，也会以相应的方式“装腔作势”、“装模作样”。

领导智慧：

像领导那样举止，像领导那样说话，那么，你就是领导。

048

未出手的武器是最厉害的武器

暗器已经在手，但不知什么时候发出，这是最让人胆战心惊的局面。对受众来说，这种引而不发的缄默，是一种难以逃避的拷问和巨大的压迫，具有令人窒息的恐怖气息；而对缄默者来说，缄默让他保留最终的决定权和评判权，即使自己不是这方面的行家，但仍能因此占据一个游刃有余的优势地位。

很多以声音为业的音乐人懂得，有时候无声是比有声更锐利的武器。深圳一些喜欢古典音乐的听众对一个场面记忆犹新：20 世纪 90 年代中期，著名小提琴演奏家吕思清到深圳演出。音乐进行中，观众席中接二连三地响起 BP 机的声音。吕思清停止演奏，一言不发、长时间地望着台下。吕思清的沉默比剧场的提示更有效，观众席中的 BP 机声和人声终于没有再响，吕思清从头拉起。

不难想象，吕思清沉默的一两分钟，对那些打开了 BP 机的听众是多么难熬。如果吕思清开口说话，提醒甚至批评，他们都会好受得多。但吕思清没有。

在政府部门，当权者审问违法嫌疑人或宣布处分决定时，也非常多地运用缄默手法。一般来说，权力越是密集的部门，运用这一手法越是老练。比如，组织干部宣布撤职或调离决定，公安人员调查有违法嫌疑的当事人，都只是寥寥数语，然后凝视对方。当对方反应激烈之时，持续的沉默更显示出他们的权威与镇定。

领导智慧：

暗器已经在手，但不知什么时候发出，这是最让人胆战心惊的局面。

049

勿轻易涉足别人的地盘

任何下级都有自己的直接领导者，通常情况下，下级为直接领导者服务，保持着一个较小的空间。由于某种原因，下级超过直接领导者，与上一级或者上几级领导者建立工作关系或者服务关系，扩大了下级与上级的空间，称之为“越级”行为。

有些下级想拼命扩大“表现”和“推销”自己的市场，眼睛盯着握有更大权力的领导者，主动向他们靠近，创造为他们直接服务的条件，有的甚至建立了比较稳固的服务关系。这就是“越级”现象出现的原因。

下级“越级”行事，表面上是在上面找到了一个靠山，其实有百害而无一利。一方面会引起直接领导者的误会、怀疑、妒忌、不满的情绪，给正常的工作关系撒下不协调的种子，思想上留下阴影；另一方面会引起群众的不满、妒忌情绪和不好的舆论，影响自己的威信。

况且，你所说的靠山，大多只是暂时利用你而已，当你真的跟主管领导发生矛盾时，他会为了你而抛弃一个部门的利益吗？之前的一些暗示与许诺到时都会空渺如风。所以，一般情况下，不要“越级”行事。必须“越级”时，要慎重行事，规范“越级”行为的内容，讲究方式方法。

领导智慧：

人们所说的靠山，大多只是暂时利用你而已，当你真的跟主管领导发生矛盾时，他会为了你而抛弃一个部门的利益吗？之前的一些暗示与许诺到时都会空渺如风。

050

不要既想当裁判，又想当进球的那个人

汉朝人张汤出身为长安小吏，却平步青云登上御史大夫的宝座，且深得汉武帝信任。这得益于他独特的行为方式。每当有政事呈上，武帝不满，提出指责，张汤立刻谢罪遵办，并说："圣上极是，我的属下也提出此意见，我却未采纳，一切都是我的错。"反之，若武帝夸奖他，他则大肆宣扬属下某某点子好、某某办事利落。如此得到了手下人的爱戴。

在荣誉到来之前，有些管理者常常利用自己的领导地位挺身而出，当仁不让，似乎这样才能表现出自己的高大形象，才能说明自己的成功。殊不知，一个管理者是否真正成功，得看他手下的人是不是成功了，只有下属成功了，才表明你这个管理者也成功了。请记住：不要既想当裁判，又想当进球的那个人。

管理者若只为私利，私自窃取下属的功劳，下属自然不会为你卖命效力。老子所谓："为而不恃，长而不宰，是谓玄德。"这就是劝诫领导要能容人，共享繁荣。

然而，最难做到的是对下属让功，或公开表扬下属的才华功劳。管理者若有这样高的涵养，下属自会感恩图报。同样，当下属犯错，能挺身而出，承担责任，势必会得到下属的敬佩与爱戴。这是最高境界的管人方法。

领导智慧：

天下好事，不可能你一人独占。有这样图谋的人，终是人们忌恨的对象。

051

不要轻易将自己推在最前面

郑板桥的一句“难得糊涂”，对于领导者来说，堪称制胜法宝。使古今中外多少掌权者渡过了难关，使他们进可攻退可守，处理事情游刃有余。

一些管理者往往认为，如果事必躬亲，所有功劳将会归于自己。但是他们没有想到，每一个决定都是有风险的，成功了是功劳，失败了是责任，光想成功而不想失败，未免有点过于天真。

将自己推在最前面，固然可以在成功时独领风骚，可是失败时也会成为众矢之的。撇开个人得失不讲，这样对企业毫无好处。如果将权力下放给部下，自己退到第二线，对自己未必没有利。

如果部下成功了，这功劳自然少不了自己一份。即便不是领导有方，至少也是用人得当；如果部下失败了，自己还可以挽回局面，可以干预、调整，若能转败为胜，仍不失英明。当上级领导追查下来时，还可以起一种责任缓和层的作用，例如，可以说：“这事不是我亲自抓的，不太清楚。”“我调查一下，由我处理吧！”如果再加上一句“这事我也要负责任”，那么还可以令下属感激涕零。

管理者应学会难得“糊涂”，在有些并非主要的问题上“糊涂”一点，进可攻退可守，处理问题游刃有余，就是人们常说的“大智若愚”。

领导智慧：

将自己推在最前面，固然可以在成功时独领风骚，可是失败时也会成为众矢之的。

052

真正的官兵平等是危险的

也许你会遇到这样的员工，当你要求晚上加班时，他会说："我今天有特别重要的事，必须早走一会儿。"如果你一再坚持时，他会说："领导也应该尊重人权呀！我今天不能加班，你没有理由逼迫我加班。而且，拒绝不想做的事又有什么不对呢?"假如你要知道他的理由，他则会耸耸肩："请你不要干涉我的个人隐私。"

在这一关键时刻，你一定要强硬对待。你得让他们知道很多事情是没得商量的。比如加班问题，你一定要用"只此一次，下不为例"的态度强调："这次小杨帮你做了，但下周二晚上你一定要补回来。"不要让他以为自己的小计谋能次次得逞。一定要让喜欢耍小聪明的人明白，一个在工作中投机取巧偷懒耍滑的人是不会被重用的，脚踏实地地工作才是唯一的发展之路。

虽然你不能因为自己是领导就可以对别人颐指气使，吆五喝六；但也不能因此就去讨好他们，让他们与你平等到瞧不起你，不把你当回事儿的程度。否则，你的领导位置也肯定坐不长久。作为领导者，你应该既和蔼可亲、平易近人，又令行禁止、威严有度。

领导智慧：

一定要让喜欢耍小聪明的人明白，一个在工作中投机取巧偷懒耍滑的人是不会被重用的，脚踏实地地工作才是唯一的发展之路。

053

满足部属内心的期望

作为一个领导者要想让部属心服，就必须努力满足部属内心的期望。

很久以前，有一部以东京多摩动物园中黑猩猩为主角的电影。黑猩猩的才能很大，它以自己独特的方法，展现统率伙伴的手腕，但却未能奏效。直到后来它体会到群体之中的一些生活细节，才是突破僵局的关键。

①早上见面一定要打招呼；

②表示友好的身体接触；

③尊重先来先得到的顺序（先拿到食物者有先享用的权利）；

④依情况进行分配；

⑤如果有争斗由老大裁决；

⑥遇有外敌老大率先出战；

⑦休息时弱者优先；

⑧老大必须善待弱者。

这些关键都是维护黑猩猩社会的和平、安全、繁荣必要的条件。身为老大必须要明白这个道理，率先遵守，并让伙伴们遵守——这就是老大的任务。其实说明了老大是以最配合伙伴期望的方式来掌握伙伴。由此可知，身为老大或领导者，最重要的任务就是满足部属的期望。

如果领导者自己都不遵守这些原则，部属就会跟着不遵守。而领导者一旦不能满足大家的期望，很快就会被拉下马来。

领导智慧：

一位领导者在企业中所占的位置，就如同黑暗中举着火炬的勇士，指引着人们前进的方向。

054

一定要身先士卒，哪怕是做个样子

人类的本性会从危急时刻所采取的行动中表露无遗。比如平常说话大声、表现得很豪爽的人，一旦面临危机存亡时，说不定会弄得一副狼狈不堪的样子。部下若是看见自己的上司，在紧要关头却表现出不知所措的模样，一定会让他们觉得非常失望。

群众期待的领导者，是在非常时期能够表现得与众不同，且能够断然地做出决定，迅速敏捷地采取行动。只有这样的领导者，才能强有力地领导部下。

有一个动物园进行过一项测验，该园的员工利用狮子皮伪装成狮子，进攻黑猩猩群。

黑猩猩群刚开始觉得害怕而一片哀号，不久猩猩的首领就拾起身边的树枝，做出勇敢地向狮子挑战的样子。猩猩老大自己也很怕狮子，但它却没有逃跑，反而勇敢地率先向狮子挑战。正如前面所说过的，如果猩猩老大在这个时候临阵脱逃，它就一定会被同伴鄙视，再也不能做大家的首领了。

企业中的领导者也是如此。在竞争愈来愈激烈的今天，企业随时随地都会面临各种困难。当面临困境时，领导者能够率先垂范面对难关，这样的精神就会影响部下，让大家都能够勇敢地面对挑战。

领导智慧：

越是最困难的时期，越能显示出一个领导者的智慧和胆识。身先士卒，以身作则，领导者运用他的智慧和自身的实际行动，感动了成千上万的人，使他们像磁石一样紧紧地团结在一起。

055

轻易道歉，不见得是好事

所谓“知错能改，善莫大焉”，是劝告大家：发现错误时，就要改正。但是，领导者太过轻易的道歉，却也不见得是件好事。

一个领导者对人说“对不起”，那就意味着他做错了。如果偶尔为之，下属也许会认为他光明磊落，知错就改。如果他总是这样，下属就会对他的能力产生怀疑，长此以往，会损害领导在下属心目中的威望与形象。

“不要随便道歉”这句话，更深一层的解释应该是：做什么事之前要深思熟虑，不要等到问题出现了，才去仓促面对，这样于己于人都没有好处。

保持这种工作态度的领导者，一定都会得到下属们的信任。

领导智慧：

一句“对不起”，说起来很容易，但说出来就要负责。员工眼里的好领导未必就是毫无瑕疵的，但绝不是一无是处的。

056

让被解雇者体面地离开

有时在别无选择的情况下，你必须解雇某些人，但我建议你，一定要尽量使这个过程富有建设性。

比如说，你聘请了一个人，但是几个月以后，你发现你犯了一个错误——因为他从来不肯尽力工作。这时你可以坦白地告诉他，“兄弟，你被解雇了。你的表现并不能让我们满意，所以我们必须请你离开。”但如果这样做的话，他就会对你怀恨在心，而且对于整个公司的看法也会很糟糕——毕竟，他已经在这里工作了一段时间，和我们的一些员工及客户或潜在客户都建立了一定的关系。如果他四处宣扬你残酷的话，这对整个公司都没有好处。

或者你可以给他打个电话，告诉他，“你好，兄弟。我们俩都犯了一个错误。我当初可能并没有向你详细解释这份工作的要求，而你的表现也不能令人满意。我认为我们双方都应该做出一些牺牲来弥补由于我们的过错而造成的损失。首先，我会给你一年的薪水，因为这件事我也有责任。第二，如果某人要我推荐你，我也不会对他撒谎，我会告诉他们你在某些方面并没有达到我们的要求，但我肯定不会造谣中伤你。第三，我们会尽量以一种体面的方式让你离开公司。”

他可能说：“领导，我想辞职。我会说是自己希望改变一下工作。”你可以告诉他：“我们都知道你并没有辞职，但如果你愿意这样的话，我们也不反对。”

让人们以一种体面的方式离开自己的工作岗位，是强化公司执行文化的一个重要手段。

领导智慧：

换一种方式，让对方来做决定，再难的事情也就好办多了。

057

不要让其他人随便指挥你的下属

每个人都有自己的势力范围，不管你是多么小的一个小领导。就如同我小时候家里的一群鸡——说是一群，却只有一只公鸡，一只母鸡，然而，当无论有人或什么动物走近它的母鸡的时候，那只勇敢的公鸡总是最先迎上去——一副不容侵犯的样子。它深深地知道，那是它的势力范围。

也许用这个比喻不是很恰当，但道理是绝对一样的。

假使某位员工同时接受各部门的命令，他很可能会迷惑，可能会不知道自己该听从谁的命令，要不然就是忙得快要崩溃了。

越级的命令重复地发生，甚至形成一种习惯，这会对你的职务与职权产生影响。

因此，当其他部门的科长对你的下属下命令时，你必须提出抗议，并且断然拒绝："你若要对他下命令，必须先经过我的同意。"否则，没有了兵，你这个将也没有了存在的价值。

领导智慧：

明确你的势力范围，警惕任何一个入侵者。

058

秘书要聪明，不要漂亮

一提到秘书，现在人多联想到“小蜜”。这也不奇怪，确实有某些男领导把选秘书当成选美，故意挑选那些容貌迷人、身材窈窕、温柔娇媚的靓女，不说倾国倾城，也算长得花容月貌。这是曲解了秘书的意义和作用。

靓女在侧，难免有人议论，是是非非，清白也不清白，定会影响你的声誉。古来男女是非多。本来，男领导女秘书是敏感的组合，没事也让人怀疑，若再选择靓女当秘书，则恐怕是非就接连不断了。

领导智慧：

选秘书，不是选美，只要聪明肯干，不必过于靓丽。

059

对要调走的下属充满惜别之情

调换下属是常常碰到的事情，粗心的领导总认为来去自由，愿来就来，愿走就走。这种思想很不可取。

下属调走，彼此相处已久，疙疙瘩瘩的事肯定不少，此时用语言表达领导的挽留之情如果不到位，就会不恰当。而没走的下属又都在眼睁睁地看着要走的下属，心里不免想着或许自己也有这么一天，领导会怎样评价他呢？此时领导如果高明，不妨做一两件让对方满意的事情以表达惜别之情。

领导智慧：

醉翁之意不在酒，而在于山水之间。

060

不要让酒色误了你的事业

众多的人在一起喝酒，很多的时候必有男有女。酒后若在男女关系之上有所闪失，更是关系到名誉的大问题。

喝酒易于近色，历来“酒色”并称，大概纵酒易于纵情，纵情必易于纵欲。若领导者酒后失态，坐在一女子身旁狎昵，女方或许不便回绝，他人或许会知趣躲开。对于此等风流韵事，一旦有人别有用心，加以利用，那就危害不浅了。

喝酒过多，酒精会对大脑造成暂时的麻醉，很多人往往便失去理智，管不住自己，胡言乱语，说话不堪入耳。虽是平日敬服你的人，此时心中也不免生厌。这大大影响你日后的形象。

人们常说：“酒后吐真言”。一旦在醉意朦胧之下，不管面前是谁，轻易向他说出你心中的秘密；或者你轻易答应别人的请求，日后必会后悔万分。正所谓“祸从口出”，这也正为醉酒者所忌。

世界上究竟有没有圣人未可知，但起码你我都不是。只要是俗人，就有七情六欲，以前我们回避这个问题，总想把人都塑造成完美无瑕的英雄式人物，结果越是藏着掖着，反而情况越是糟糕，问题越多。就酒色这一点来说，柳下惠并不是我们的偶像，况且无情也未必真豪杰。但什么事情终究要有个度，先知不可为而后有所为。

领导智慧：

酒一定要喝，但要以不醉为度；情一定要有，但不可滥用情。

061

做大事不能靠哥们义气

1990年，西安的冬天特别冷，冷得让荣海终身难忘。

年底，一直在深圳忙着跑生意的荣海回到西安。不料等待他的却是公司3个副手趁他不在的时候早已酝酿成熟的瓜分公司的计划。理由就是荣海在创建公司曾经说过的那句话：“海星是大家的，大家都有份。”

荣海恪守了自己当初的诺言，虽然在当初创立海星时，3个副手并没投过一分钱。他怀着痛苦而超然的心情对“哥们儿”说：“钱尽可以分，但牌子得留下。”于是，公司核心层4个人走了3个，他们除瓜分了海星几年来积累的100万自有资金，还带走了大部分客户。普通员工20人走了一半。给荣海留下的仅有海星这块牌子和一些旧机器。当然留下的还有部分对海星眷恋万分的普通员工和他们之间的精诚团结。

就凭着这些，9年以后，海星集团的总资产已逾26亿，海内外直属子公司18家，二级公司40余家。然而，那次“内阁”的哗变毕竟是惨痛的。所以后来荣海总结：做事情一开始就先要把话讲清楚，不能靠哥们义气；决策要集中，重大事情不能以少数和多数来决定，公司只能有一种声音；留下来的人，可以给很高的工资，但全都与产权无关。

领导智慧：

我们生活在一个物质的世界，每个人都不可能独立于欲望之外。在金钱面前，数量少的，也许还会有人顾念起情感，但在大钱面前，几乎没有人能抗拒诱惑。如果说一个人能在金钱面前不动声色，究其原因，只有一点，那是因为钱的数量还不够多。

062

不求一时之功

刘邦打败项羽，平定天下，论功行封。大将曹参因作战勇猛敢死，负创70多处，众人推为第一，而最后结果出来了，萧何却被定为第一。众人大为不解。

楚汉相争5年，曹参等人攻城略地，功不可没，但终属一时之力。5年中，军士亡失众多，刘邦也多次失败，几成孤家寡人，全赖萧何源源不断地从关中补给士卒钱粮，这是万世之功。就算亡失100个曹参，军中还有其他勇将，但萧何却只有一个!

今天，执行这种赏罚思想的公司却不多了。许多公司崛起之后又迅速倒闭，在人才策略上就犯了一个错误：对公司构架起持续稳定作用的内务人才因不如业务人员功绩明显，所以在工资待遇方面不如业务人员。主管者只看到一时之功，而忘记了持续之力的后劲。一时之功的人来得快，走得也快，等到默默无闻的、优秀的内务人才流失时，公司将是一片混乱。

这种人才流失带给公司的负面影响不会马上显现，但影响却是持续深远的。

领导智慧：

人无远虑，必有近忧。没有长远的目光，就会被蝇头小利所迷惑。

063

你心里真的有数吗

在斯坦福大学的工商管理培训课程中，有这样一个教学案例：

一张厚度为0.06毫米的纸板被反复折叠32次之后，将有多厚呢？这个题目看起来再简单不过，可是，没有一个人能够回答正确。

当时一位女经理想了想说，大概有几尺厚吧。教授就问她，是几公尺呢，还是几英尺呢？你的依据又是什么呢？大家没想到教授连这么简单的问题还要问几遍，而且还问得这么认真。然后教授从皮包里掏出一台计算器，并掏出一把游标卡尺，请女经理测量一张纸张的厚度之后，计算一张纸折了32次后的厚度。计算结果令在场每一个人大吃一惊：原来一张纸折了32次的厚度已经超出了世界上最高山峰——珠穆朗玛峰的高度，也就是说，它的厚度已经超过了8848米！

我们平时常讲，做事情，做决策要胸中有数，可是这个“数”在中国人看来，往往只是个大概，是个大约数。而真正做企业、做管理，必须要有一种严格的数量概念。

领导智慧：

我们平时总爱说，这件事我心中有数，但是，你的那个数是多少呢，是1还是100？还是100万？我们平时常讲，做事情，做决策要胸中有数，可是这个“数”在中国人看来，往往只是个大概，是个大约数。

064

相信你的直觉

在斯坦福大学的工商管理培训课程中，一天，一位教授请了两个女助教，分别给她们一包缝衣服的针，让她们选出哪一根针更好用，更优质，并让学员观察她们谁选针较快。

第一位女助教是左脑型的，她动作慢慢吞吞的，在天平上一根一根地称缝衣针的重量，再用尺子量每一根针的长度，然后再来化验每一根针的成分。她收集加工这些信息整整用了30分钟。

第二个女助教是擅长于右脑思维的，她既不称量也不化验，不推理，而是看一看，想一想，短短的3分钟，她很快就做出了选择。

然后教授让培训班的经理们做一次评估，到底谁选的针更好呢？结论是两位女助教选出的针一样好，甚至很多人认为第二个女助教选的针更好用、更优质一些。

这是管理培训中经常用的典型案例，它告诉我们的道理太深刻了：完全定量的选择使决策的过程很慢，决策的成本相对也很高，有时候甚至丧失了决策的最佳时机。而利用右脑的形象思维，加上丰富的经验以及直觉的选择和判断，也许不是最佳的决策、不十全十美，但这样却能赢得宝贵的时间。

领导智慧：

你的直觉往往是正确的。

065
不做“老好人”

周末，一个渔夫在他的船边发现有条蛇咬住一只青蛙，他替青蛙感到难过，就过去轻轻把青蛙从蛇嘴里拿出来，并把它放走。但他又替饥饿的蛇感到难过，由于没有食物，他取出一瓶威士忌酒，倒了几口在蛇的嘴里。蛇愉快地游走，青蛙也愉快地离开，渔夫也为自己的善行感到快乐。他认为一切都很妥当，但在几分钟后，他听到有东西碰船边的声音，便低头向下看，令人不敢相信的是，那条蛇又游回来了——嘴里叼着两只青蛙。

这就是我们企业常见的“照顾主义”、“大锅饭”现象。

我们本应该鼓励员工正确的行为，给他们掌声、鲜花和提拔，对不正确的行为要冷落、批评和惩罚。但现实中我们并不是激励不够，而是激励错了——正确的行为被忽视或被惩罚，而错误的行为却被奖励——就像那个渔夫一样，奖励了错误的事情：那条蛇因错误而得到奖励。

如此，你所成就的，只是一场不公平的游戏。

领导智慧：

一心想做好人、不得罪人，只能会让你离权力越来越远。

066

什么时候都别忘了，你才是领导

一般说来，公司和职员是平等的。但在公司体制内，上司与下属之间的关系，绝对不是平等的，而是上与下的关系。在对下属下达命令时，不可忽略了自己的立场。

昨天你仍和大家在同一岗位上，如今却只有你被擢升为领导，相信你必定有些顾虑。周围的同事亦习惯了以前的做法，在说话的语气和态度上，也不会有所改变。

起初由于众人无法适应新的转变，因此你亦不必太在意。但是，你必须尽早制造机会来明示你们之间的关系。若忽略了这一点，则有可能发生下属不遵从命令的情形。

你是以命令的心态面对下属，然而，对方却误以为你只是单纯地与他聊天或者商量某件事情而已。

我们经常可以听见下面的对话。科长说：“你认为A案和B案，哪一个比较妥当?”下属回答：“A案不是比较好吗?”于是那位科长说：“好吧，那就请你做吧!”

虽然这位下属说话的用词并不妥当，但是那位科长的语气更犯了大错误。因为无论你再如何地等待，下属也不会主动地去做事。此时，你应当明白地告诉他：“那就这么决定了，你在这个星期内将它完成。”

领导智慧：

只有该宽时宽，下属才能充分理解你的号令；该严时严，下属才不敢掉以轻心!

067

了解下属的痛处，然后机智地避开它

任何一个人，他的心里面都有一块最敏感的地带，对他们而言，这块最敏感的地带，是不允许别人随意触及的，这是他们的痛处，是他们的弱点或者自卑点。在管理过程中，触及对方痛处只能给对方带来不愉快。即使我们清楚他们的痛处，也不要去提及，这是待人应有的礼仪，也是管人最应该注意的一点。

你不要以为你点到了他的痛处，他就会轻易服从你。

人们对于自己的忌讳，犹如小偷对于自己的罪行一样讳莫如深，极为敏感。由于心虚，往往把别人无意涉及到他痛处的言谈当成有意，把无关的事主动与自己相联系。有时，你随口谈一点什么事情，也很有可能被视为对别人的挖苦和讽刺，正所谓“说者无意，听者有心”。在任何有人群的地方，都存在这种情况，所以是你必须面对的。就如你自己，是不是也有不为人知、不想人知的秘密?

对于下属的痛处，最好的办法就是：了解它，然后避开它。

不了解，让你口无遮拦而被人讨厌；了解而不知回避，使你为人所切齿地憎恨。

领导智慧：

对于下属的痛处，最好的办法就是：了解它，然后避开它。

068

精于处世之道

如果你的行为让人们不喜欢，那你就危险了，因为这时原本和你毫无关系的人，对你而言可能会生出许多麻烦。

在飞机场，一位旅客见到一个衣冠楚楚的商人大声喝斥，责骂搬运员处理行李不当。商人骂得越凶，搬运员越显得若无其事。商人走后，这位旅客称赞搬运员有涵养。“噢，没关系。”他微笑着说，“你知道吗，那个人是到佛罗里达去的，可是他的行李嘛——将会运到密歇根去。”和你共事的人——即使是下属——只要受了你的气，都会跟你捣蛋。

相反，只要你精于处世之道，就算犯了严重错误也没事。许多能力平庸的管理人员，都能安然度过公司的人事大变动，原因就在于他们和人交往时，通情达理，讨人喜欢。一旦有错，支持他们的人总会帮他们补过。事实上，犯了一次错之后，如果老板觉得你能以练达负责的态度来处理这些错误，说不定你的事业反而会更上一层楼。

人生在世都有被冷言所谤、被暗箭所伤的时候，遇有令人厌烦的人和事要学会克制自己。学会了宽容，可使你表现出良好的素养，也会让你有意想不到的收获。

领导智慧：

许多能力平庸的管理人员，都能安然度过公司的人事大变动，原因就在于他们和人交往时，通情达理，讨人喜欢。一旦有错，支持他们的人总会帮他们补过。

069

不在其位，不谋其职

孔子的弟子子路在做令时，见到挖沟建渠的人们够辛苦的，就主动拿出自己的俸禄，做了稀饭慰劳民工，他当时一定觉得这会受到老师表扬的。万万想不到的是，孔子不但没有给以赞许，还急忙派了子贡跑到子路那里，“覆其饭，击毁其器”，并大嚷道：“鲁君有民，子奚为乃食之?”这子路就不明白了，我行善事，犯的哪门子法?

原来，子路行善有“夺人之美”的嫌疑，而这被“夺”的不是别人，正是国君，那么，这也就有了“犯上”的味道。作为臣子，你就应该规规矩矩，安分守己，干好你自己应该干的事情，“一个萝卜一个坑”，除此之外，犯上作乱不行，超级行善也不行。

由行善而赢得民心、扩大势力，最终压倒国君甚至取而代之的事情是时有发生的。

这在领导学方面的意义在于，领导者应不在其位，不谋其职，不干分外之事，这也应算是恪尽职守的一个方面吧。设想，如果人人都能做到这一点，那么，无论一个国家、一个组织、一个企业都能自然达到整体的和谐。

领导智慧：

干好你自己应该干的事情，“一个萝卜一个坑”，你做了别人应该做的事情，你只能得到虚伪的谢意和忌恨。

070

守信是领导者第一要义

作为领导者，对下属也必须要讲信用，在这方面，诸葛亮是严守信义的表率。在第五次出兵祁山时，他听从长史杨仪分兵轮战的建议，将部队分成两批，以百日为期，作一个轮换，以此使兵力不乏。在一次轮换之际，魏兵又来进攻，部将力劝诸葛亮将这班人马留下，待下班兵马到了之后再返回。但诸葛亮说："吾用兵命将，以信为本，既有令在先，岂可失信?"于是下令这班人马当日便离开。当众军听说此事后，激起了他们的战斗情绪，纷纷表示不杀魏兵，决不回家。于是杀得敌人尸横遍野，血流成河。

管理者守信才能取得下属的信任，而信任本身就是一种战斗力。人的精神力量就是这样怪，当它受到感情冲动时，可以激发出加倍的能量，无法用数字来统计。在大敌当前的情况下，诸葛亮要求士兵坚守一阵子，无论怎么说也是不过分的。但那样会使部队产生消极的情绪，使战斗力下降。而守信不仅自己保持了信誉，还使战斗力大增。

高明的管理者的高明之处就在于这些地方，还有的管理者为了使下属能遵守规章制度，就先自己主动违反，然后主动认罚。这样一来，敢不遵守的下属也少多了。还有的人到了一个新单位，就向还不太熟悉的同事借几十百把块钱，说是有急用，但只是在枕头下压一晚上，第二天就还给了别人。这也是一种取信于人的方法。

领导智慧：

管理者守信才能取得下属的信任，而信任本身就是一种战斗力。

071

来说是非者，便是是非人

在识人用人的问题上，为了避免疑心用人的错误，管理者一定要从客观实际出发，多层次、多侧面地去了解、考察识别对象，不能因为所识对象有小过而毫无根据地怀疑其有大问题，也不能因所用之人犯有前科而胡乱猜测。还有些人认为是耳闻目睹就千真万确了，其实很多时候，亲眼所见、亲耳所闻的东西也不一定能反映事实。

有一群因重大变故不得不横穿一段荒芜地区的人，他们只剩下了一袋大米，大家就推选了一个忠厚老实的人负责保管大米和烧水做饭。这群人的长者在活动筋骨的时候，发现那做饭的小伙子正在偷吃米饭。长者有点难过，认为一向诚实的人也会因身处危难之中而失去本性。长者没有张扬此事，但心中对那小伙子的看法已有了彻底的转变。后来小伙子牺牲在战场上，长者重提此事时，有一个曾随行的人告诉他，那个小伙子当时并非在偷吃米饭，而是鸟屎掉在了锅里，他不忍浪费，悄悄地拣了那团米饭吃了。长者听了以后，呆呆地坐了良久。

管理者如果对人多怀有疑心，那么，形形色色的离间术就会乘虚而入。离间术能扩大他人之间的分歧，或加深误会，或编造谎言、制造矛盾、破坏他人团结。离间术的目的就是使人人为己，抑人扬己，损人利己。作为管理者，在对下属产生怀疑时，一定要警惕离间术乘虚而入。“来说是非者，便是是非人”，对离间术的破解方法是，要建立在对怀疑对象的行为特征综合分析的基础之上，既不能盲目猜疑，又不可掉以轻心，不能抱着“宁可信其有，不可信其无”的态度，而是要让事实来说话。

领导智慧：

管理者如果对人多怀有疑心，那么，形形色色的离间术就会乘虚而入。

072

圆而不方，难成大事

所谓方圆，圆为灵活，方为原则。

一个人为人处事如果只圆不方，就像打“太极拳”，奉前迎后，方向不清。说话态度不鲜明，模棱两可；做事不果断，犹犹豫豫。这样只圆不方的人，没有个性，缺少魄力，不会得到别人的敬重，更难成就一番事业。

大凡立德立功立言者，总是要有个主张，心牵挂于物便役使于物，心牵挂于名便役使于名，心牵挂于利便役使于利，心牵挂于欲便役使于欲。无所不挂，就无所不役，无所不役就无所不病。如果外受物欲役使，内心方寸已乱，哪能做半分主宰？

办实事的人求实效，求实效的人一就是一，二就是二，方就是方，圆就是圆。集中精力在一点，是千古以来所有伟大人物成功的要诀之一，也就是道家的“凝神集一”的功夫，在心性修养中，妙用无穷。

领导智慧：

办实事的人求实效，求实效的人一就是一，二就是二，方就是方，圆就是圆。集中精力在一点，是千古以来所有伟大人物成功的要诀之一。

073

不做暴君

心存“顺我者昌，逆我者亡”思想的领导，在下属眼里是不会有好印象的，“专横跋扈”会成为这类领导的代名词。作为领导，不管是处世，还是待人，都要坚持以理服人的原则，不能胡乱而为。

有“顺我者昌，逆我者亡”思想的领导凡事好搞专权，喜欢把下属们管得严严实实，让他们服服帖帖。在具体事情上，喜欢对下属工作吹毛求疵，甚至过问干涉他们的私事，所有这些都是不明智的。

追求自由是人的天性，没有人喜欢被别人严格控制。一般人都会对这种专制型的做法持逆反心理，把这样的领导认作与暴君无异。如果总是干涉下属们的私事，向他们提出不甚合理的要求，久而久之，他们会对你采取抵制、敌视态度，正所谓“假做真时真亦假”。你的一些公务上的合理的要求与建议也许一并被他们置之不理，或许他们还会在工作中搞些小聪明来“回敬”你，让你防不胜防，最终吃亏的还是你。

过分的固执和专权，必然会引起下属们的反感。长时间的“顺我者昌，逆我者亡”，必然会引起你的下属们的报复，到那时候，恐怕你是无法再和你的下属们一起工作了。

领导智慧：

做人，想要所有人都认可几乎是不可能的，但也不要得罪所有的人，历史上的暴君都没有好下场。

074

千万不要搞办公室恋情

作为一个众望所归的男性领导，还要能过得了美人关。处于领导地位再加上风度翩翩的仪表，成为女下属聚焦的中心是再平常不过的事。但是，作为领导者要清楚，不要在烟花雾柳中迷失方向。

女下属对你献殷勤也不一定就是有特别的意思。出于对领导的尊重和爱戴，出于人与人之间的礼貌，她们也会对你微笑鞠躬，甚至向你多看几眼。此时，切不可自作多情，这是男人常犯的毛病，不要以为多看一眼就是暗送秋波，不要以为一噘嘴就是故意撒娇。其实，有时候只是女下属偶然的即兴动作，其实连她自己也未曾觉察到。

如果领导真的与某个女下属两情相悦，这也不是绝对不可以，只是当你们要决定发展个人感情时，必须下决心终止你们的工作关系，要么你离开原单位，要么女下属回家安心做你的妻子，绝对没有第三条路可以走。否则，就会给双方带来意想不到的麻烦。

领导智慧：

所谓的“美人关”，大多是自作多情，是自己给自己设置的。

075

要适当地有些“官架子”

无论是在政府部门还是企业内，管理者的“摆谱”都是普遍现象。

尽管管理风格有所不同，但“官架子”却是共通的。通过居高临下的语调、各种汇报程序、独立的办公室、分级掌握的信息以及对权力的高调行使等多种方式，管理者把自己和下属区别开来，树立自己的权威感。

有的管理者愿意和下属保持更多的接触与沟通，但管理者毕竟是管理者，与下属的距离和差异是难以抹平的。在人们口头上赞扬某人“平易近人”、“和群众打成一片”之时，“有魄力”、“霸气”、“雷厉风行”的管理者似乎更受到推崇。

有分析认为，所谓的“官架子”在管理实践中有多方面的功能：

首先是让下属产生心理压力，担心自己工作完成得不好而被斥责；

其次是使管理者免于经常被小事打扰，下属遇到困难首先想办法自己解决；

第三是掩饰管理者某方面能力的不足，与人接触得越多，缺点也暴露得越多。

领导智慧：

在人们口头上赞扬某人“平易近人”、“和群众打成一片”之时，“有魄力”、“霸气”、“雷厉风行”的管理者似乎更受到推崇。

076

把热马铃薯丢回去

在基辛格担任美国国务卿时，有一个记者在采访时提出海军军备上的问题：

“请问国务卿，海军有多少潜艇导弹，又有多少民兵导弹配置分导式弹头？”

“我不知道有多少民兵导弹配置这种导弹头，只知道潜艇的数目有多少。但是不知道是不是保密的。”基辛格谨慎地回答。

急切的记者抢着回答：“不是保密的。”

“哦！既然不是保密的，那你倒说说看潜艇数目有多少？”基辛格一句反问，问得记者张口结舌。

谚语里有这么一句话：“把热马铃薯丢回去！”

热马铃薯指的是对方忽然丢给你的问题与困难。有的问题在当时便要有很快的反应，否则稍有停顿便会烫到自己的手。事后再埋怨自己没有抓住稍纵即逝的机会做适当的反应，也没有用了。

丢热马铃薯回去还要有技巧，要丢得不温不火，小心别砸到对方，伤了感情。

高明的人丢回去时，不但不会砸到对方，还会让对方心服口服地接回去。

领导智慧：

丢热马铃薯回去还要有技巧，要丢得不温不火，小心别砸到对方，伤了感情。

077

与狗争路，不如让它先走

天底下只有一种能在争论中获胜的方式，那就是避免争论。避免争论，要像你避免响尾蛇和地震那样。

十之八九，争论的结果会使双方比以前更相信自己绝对正确。你赢不了争论。要是输了，当然你就输了；即使赢了，但实际上你还是输了。为什么？如果你的胜利，使对方的论点被攻击得千疮百孔，证明他一无是处，那又怎样？你会觉得洋洋自得，但他呢？他会自惭形秽，你伤了他的自尊，他会怨恨你的胜利。而且——

"一个人即使口服，但心里并不服。"

潘恩互助人寿保险公司立了一项规矩："不要争论！"

真正的说服艺术不是争论。甚至最不露痕迹的争论也要不得。人的意愿是不会因为争论而改变的。

释迦牟尼说："恨不消恨，端赖爱止。"争强疾辩不可能消除误会，而只能靠技巧、协调、宽容以及用同情的眼光去改变别人的观点。

林肯有一次斥责一位和同事发生激烈争吵的青年军官，他说："任何决心有所成就的人，决不会在私人争执上耗时间，争执的后果，不是他所能承担得起的，而后果包括发脾气、失去自制。要在跟别人拥有相等权利的事物上，多让步一点；而那些显然是你对的事情，就让得少一点。与其跟狗争道，被它咬一口，不如让它先走。因为就算宰了它，也治不好你的咬伤。"

领导智慧：

真正的说服艺术不是争论。甚至最不露痕迹的争论也要不得。人的意愿是不会因为争论而改变的。

078
借助大多数人的力量

孔子的学生子贱，有一次奉命担任某地方的官吏。当他到任以后，时常弹琴自娱，不管政事，可是他所管辖的地方却治理得井井有条，民兴业旺。这使那位卸任的官吏百思不得其解，因为他每天即使起早摸黑，从早忙到晚，也没有把地方治好。于是他请教子贱，子贱回答说：“你只靠自己的力量去做，而你的力量是有限的，即使十分辛苦也未必能做得好；而我却善于借助大多数人的力量。”

现代企业中的领导者，喜欢把一切事都揽在身上，事必躬亲，管这管那，从来不放心把一件事交给手下人去做，这样，使得他整天忙忙碌碌不说，还会被公司的大小事务搞得焦头烂额。

其实，一个聪明的领导者，应该像子贱那样，正确地利用部属的力量，发挥团队协作精神，不仅能使团队很快成熟起来，同时，也能减轻领导者的负担。

一个优秀的管理人员，不在于你多么会做具体的事务，因为一个人的力量毕竟是有限的，只有发挥集体的力量才能战无不胜，攻无不克。

领导智慧：

现代企业中的领导者，喜欢把一切事都揽在身上，事必躬亲，管这管那，从来不放心把一件事交给手下人去做，这样，使得他整天忙忙碌碌不说，还会被公司的大小事务搞得焦头烂额。

079

避开亡命之徒

亡命徒的典型语言就是“死都不怕，还怕活着”、“今天不是你死，就是我亡，有我没你，有你没我”、“只要给我留一口气，总有一天毁了你”。这样的人为不大一点事，就敢下毒手，拼个你死我活。惹上亡命徒就会给我们带来数不清的麻烦和损失。在亡命徒眼中，伦理道德、正义、法律一钱不值。他们无所顾忌，没有什么东西能够压服他们。

不跟亡命徒较劲，主要原因是为了不搅乱我们的正事，而不是因为懦弱害怕。我们多数人都是有正经事要去办的，为了避免一些不必要的麻烦，就不能与这类人较劲，否则会耽误了大事。与亡命徒计较是最没有价值可言的，这种人视生命如儿戏，置公理于不顾，与这种人发生冲突一点好处也不会有。

聪明人不会作无谓的牺牲，不会卷入没有价值的冲突。社会自有正义，秩序自有法律来维持，亡命徒迟早会受到惩罚的。但我们在日常交往中，还是尽量去识别亡命徒、避开亡命徒为妙。

领导智慧：

聪明人不会作无谓的牺牲，不会卷入没有价值的冲突。

080
站在对方的角度思考

假如你想说服别人，让他有所行动，就必须让他了解你的主张到底能带给他什么利益。你应该告诉他，这个主张和你没有关联而是与他息息相关，它能够直接或间接地带来某些利益，或者是替他解决某些问题。不这样做，便很难诱发别人对你的主张采取任何行动。

除非你表示这件事能使他获得利益，否则尽管你有充沛的热忱，尽管你把主张浅显易懂地向他表达，他还是不会同意你。

有一回，有一位推销员向一位老太太推销一套暖气设备。

这位推销员很热心地为老太太说明暖气设备的构造、特征、性能等优点。当他滔滔不绝地说完而喘一口气时，老太太对他说："年轻人啊！我请问你，这个东西能让我取暖吗?"

被认为最懂得说服别人技巧的曾任美国总统的亚伯拉罕·林肯，在100年前就曾经说过：

"当我和别人谈判时，我用2/3的时间考虑对方的主张，以及他可能将要提出来反驳我的理由，剩下的1/3的时间，才考虑自己的主张。"

任何人都最关心自己的利益。所以，你要多多考虑对方立场，把问题的焦点放在"对方的利益"上。否则，纵使你懂得许多说服别人的技巧，你也不可能奏效。

领导智慧：

任何人都最关心自己的利益。所以，你要多多考虑对方立场，把问题的焦点放在"对方的利益"上。

081

要对人“狠”一点

中日两国的教育有一个明显的区别之处，就是日本的学校，每年都要组织些野外活动，父母也很支持。但是中国的父母普遍反对孩子探险，一旦发生了意外伤害，则往往把学校告上法庭，许多学校因此而不敢组织孩子参加一些探险活动。于是青少年的生存能力越来越差，从而形成了恶性循环——自我窒息。日本的父母则普遍支持孩子探险，发生意外自己负责，对起诉学校的中国现象不可理解。

他们甚至认为，一旦发生意外，是自己给集体添了麻烦，应当个人负责，严重伤害要靠保险来解决，而不是追究组织者的责任。

日本在教育上的严厉，的确值得我们中国的家长反省。一个让孩子置之死地而后生，一个让孩子置于蜜罐而后苦，或许这两种态度之间的差异，正是两个民族的真正差异，也是两个民族之间的真正较量。

鹰在鸡群里待久了，便会变得和鸡没有两样，只有让它回到自己的世界里，它才能找回到本真的自己。

在生活中，我们很多的爱大多停留在浅表层：只是给予对方需要的。可是人归根到底是要靠自己的。中国有句话：置之死地而后生。有多少人能够为帮助对方“后生”而想办法“置之死地”呢？这是需要非凡的勇气的，要准备背一世的骂名。

比较起来，在管理过程中，“对人好”要比“对人狠”容易得多。

领导智慧：

鹰在鸡群里待久了，便会变得和鸡没有两样，只有让它回到自己的世界里，它才能找回到本真的自己。

082

痒要自己抓，好要别人夸

俗语云："痒要自己抓，好要别人夸。"对领导形象的最好宣传莫过于借他人之口，收己之惠。这要比领导自吹自擂要有效得多，更有说服力和真实感。而且，下级广泛的人际关系网还会把这些好名声传送到一个很广泛的范围内。

良好的上下级关系和社会名誉，会给领导带来意想不到的收获。声名远扬会使领导受到更上一级领导的重视，从而为其"加速"发展提供了一种契机，这在我们的周围不乏其例。

相反，如果上下级关系恶化，臭名远扬，即使领导的"后台"再硬，终究难平众怒，逃脱不了狼狈下台的命运，哪里还谈得上事业的发展呢？

领导智慧：

对领导形象的最好宣传莫过于借他人之口，收己之惠。这要比领导自吹自擂要有效得多，更有说服力和真实感。

083

荣誉就像玩具，只能玩玩而已

一天，居里夫人的一个女友来她家做客。忽然看见她的小女儿正在玩英国皇家学会刚刚颁给她的一枚金质奖章，于是大吃一惊地问：“这是极高的荣誉，你怎么给孩子玩呢?”

居里夫人笑笑说：“我是想让孩子从小就知道，荣誉就像玩具，只能玩玩而已，绝不能守着，否则将一事无成。”

名誉毕竟是人的身外之物，要不为虚名所累，就是不把名看得太重，该怎么做就怎么做，该追求自己的人生目标，就不要被花环、桂冠迷住了眼睛。你应该毫不犹豫地抛开这一切身外之物，走自己的路，干自己的事，不因小成就妨碍自己的大成功，这样，才能使你获得真正的荣誉。

领导智慧：

荣誉就像玩具，只能玩玩而已，绝不能守着，否则将一事无成。

084

不要轻举妄动而自乱脚步

在你纵观全局，果断决策的那一刻，你的人生成败便已经注定。

正确的判断是成大事者需要经常训练的素质。为什么呢？因为没有正确的判断，就会面临更多的失败和危急关头。在失败和危急关头保持冷静是很重要的。成大事者会临危不乱，沉着冷静，理智地应对危局。

一位美国空军飞行员讲述他的亲身经历：

“二次大战期间，我独自驾驶一架战斗机，头一次任务是轰炸东京湾。从航空母舰上起飞后，一直保持高空飞行，然后再以俯冲的姿势滑落至目的地300英尺上空执行任务。”

“然而，正当我以雷霆万钧的姿势俯冲时，飞机左翼被炮火击中，顿时翻转过来，并急速下坠。”

“我发现海洋竟然在我的头顶！你知道是什么东西救我一命的吗？”

“在我接受训练的期间，教官一再叮咛说，在紧急状况中要沉着应付，切勿轻举妄动。飞机下坠时，我就只记得这么一句话，因此，我什么机器都没有乱动，我只是静静地想，静静地等候把飞机拉起来的最佳时机和位置。最后，我果然幸运地脱险了。假如我当时顺着本能的求生反应，未待最佳时机就胡乱操作了，必定会使飞机更快下坠而葬身大海。”

“一直到现在，我还记得教官那句话：‘不要轻举妄动而自乱脚步，要冷静地判断，抓住最佳的反应时机。’那是对我一生的最好教益。”

领导智慧：

成大事者会临危不乱，沉着冷静，理智地应对危局。

085

“懒”也是一种生存的智慧

在蚂蚁群里，有一部分不干活的懒蚂蚁。当断绝蚂蚁的食物来源，破坏蚂蚁窝后，那些勤快的蚂蚁一筹莫展，不知所措。而懒蚂蚁则“挺身而出”，带领伙伴向它们侦察到的新食物源转移。

勤与懒相辅相成，勤有勤的原则，懒有懒的道理，“懒”未必不是一种生存的智慧。懒于杂务，才能勤于思考，尤其是对于今天的管理者。在激烈的职场竞争中，如果所有的人都很忙碌，没有人静下心来思考、观察企业外部的市场环境和内部的经营状况，就永远不能跳出狭窄的视野，找到发现问题、解决问题的关键，看到企业未来的发展方向并对之做出一个长远的战略规划。相反，还可能会一次次重复犯低级错误，这样的企业怎么能成功?

真正的企业家不应该是勤劳的蚂蚁，而应该是“懒蚂蚁”。如果一个企业家整天像勤劳蚂蚁一样忙个不停，哪有精力来研究战略上的问题呢?如果说职工是埋头拉车的人，那么企业家就是抬头看路的人。从表象来看，看路的人肯定要比拉车的人轻松多了。有句话叫“会者不忙，忙者不会”。凡是在企业忙得昏头昏脑的老板，一定是一个不懂管理的老板。一个不懂管理的老板，他的企业是做不大的，即使做大了，也是不稳定的。

领导智慧：

每天都要拿出一点时间用来思考，思考人生，思考方法。不要让忙碌的脚步阻挡了我们思想的进程。

086
有保留地赞美

许多到过美国的朋友谈起美国的风土人情时，往往感觉到老外们随便乱用最高级的词，缺乏真诚感。你送他一支钢笔，他就大惊小怪地说：“太好了，这是我见过的最好的钢笔!”你请他吃一顿中餐，他就兴奋地拥抱你，大声叫嚷：“味道好极了，这是我吃过的最丰盛的一顿饭。”很明显，老外们把自己的赞美夸大到再也不能扩展的程度，让中国朋友听起来觉得虚假，很是接受不了。

其实，真诚的赞美应该有所保留。这就好比一个气球，似乎是把它吹得越大越好。但越大越不保险，随时有可能爆炸掉。与其让它爆炸，不如吹小点，让人感觉心里踏实。

领导称赞下属时，要有一是一，有二是二，把握住分寸，要有所保留。可以多用“比较级”，千万慎用“最高级”。

领导可以在表扬时，把批评和希望提出来，否则，被表扬者尾巴翘得老高，不利于进步，也不利于其他下属接受。

这种有所保留的赞美也可用于下级向领导“进谏”时，先称赞其成绩，再委婉指出其不足，既照顾了领导的面子，也使领导易于接受。

领导智慧：

其实，真诚的赞美应该有所保留。这就好比一个气球，似乎是把它吹得越大越好。但越大越不保险，随时有可能爆炸掉。

087

不要与卑微者争执不休

不要被不重要的人和事多打搅，因为成功的秘诀就是抓住大目标不放，而不把时间浪费在无谓的事情上。

你是狮子，你就要选择好你的对手，对于老鼠的挑战，你要懂得放弃比赛。

你如果与一个不是同一重量级的人争执不休，就会浪费自己的资源，降低人们对你的期望，并无意中提升了对方的地位。同样的，一个人对琐事的兴趣越大，对大事的兴趣就会越小，而非做不可的事越少。越少遇到真正的问题，人们就越关心琐事。

威廉·詹姆斯说过："明智的艺术，就是清醒地知道该忽略什么的艺术。"

真英雄之所以是真英雄，不仅在于他的勇猛或胆识过人，更在于他的肚量和策略不凡，他不与小人一般见识，不逞一时之气。

领导智慧：

你如果与一个不是同一重量级的人争执不休，就会浪费自己的资源，降低人们对你的期望，并无意中提升了对方的地位。

088

记住失败者的名字

古往今来，胜者为王，败者为寇，似乎成了亘古不变的真理。其实，这种所谓的“真理”往往是人们自身铸就的。

成功者，是因为他们付出的汗水和心血比别人要多，因此，他们理应得到鲜花和掌声，这也无可非议。但是，那些失败落魄之人呢？有谁曾想到过他们？

他们一样也曾为了某个目标而艰辛地跋涉着。他们付出的并不比别人少，甚至比成功者还要多。但总是因为这样或那样不可预知的原因，屡屡与成功失之交臂。那么他们的付出，该不该得到回报？

有些领导，往往只看到了那些少数成功的下属，于是，便毫不吝啬地将自己所能想到的溢美之词全部赠送给了他们。但是，对于大多数曾经辛勤工作并为之付出的“失败者”，往往未加以重视，甚至忽略了他们的存在。所以，要记住那些失意的人们。

领导智慧：

失败者一样也曾为了某个目标而艰辛地跋涉着。他们付出的并不比别人少，甚至比成功者还要多。

089

确认每一个人都很重要

很多人都曾信誓旦旦地宣称“人是我们公司最重要的资产”，但是有多少人是发自内心的？有多少人真正认为人是企业中最值钱的宝贝？

麻省理工学院（MIT）的沙因说：“当人们升到首席执行官时，那时他们可能一心只想着公司的生存和赚钱。他们只管资金市场和股东等等。即使他们想到或尝试以人为本，可是财务危机永远是他们最在意的事。”

人是企业中最值钱的宝贝，这对于企业管理者来说是一个真理，然而却很少有人把这个真理切实贯彻到管理实践当中。但“全球第一 CEO”的杰克·韦尔奇却是这极少数人中的一个。韦尔奇说：“我们把所有的赌注都押在我们的雇员上面，我们授权给他们，给他们资源，照他们的方法去做。”他一直把人看作企业最宝贵的资产，而且他也懂得如何使这一资产创造更丰富的效益。

韦尔奇开发员工价值的第一步，就是花时间与人相处。据估算，他至少有一半时间都花在跟通用员工相处上，认识他们，和他们谈论他们的问题，当然在表现很差的时候也痛骂他们。据估计，他记得1000名员工的名字，而且相当了解他们的职责所在。

他之所以这样做，是因为他是关于人类潜能的乐观者。他说：“人类的思想创造绝对是毫无限制的。你只管去与他们交流就行了。我不喜欢效率这个词，我喜欢创新。我确认每一个人都很重要。”

领导智慧：

人是企业中最值钱的宝贝，这对于企业管理者来说是一个真理，然而却很少有人把这个真理切实贯彻到管理实践当中。

090

不要为鸡毛蒜皮的事忙得不可开交

大多时候，和朋友谈起话来，他们常常抱怨自己的工作多么繁忙，属下工作多么不让人放心。为此，每当有什么任务由他们负责时，自己总是要累个半死。

其实我们之中的许多人都有这样的遭遇，我们总是相信自己要多于相信别人，这是一种正常的心理。这种心理表现在工作中，就是常常担心把事情交给别人去做达不到理想的效果，或者担心别人会把事情搞砸，甚至有时明明知道别人也能做得很好，却仍然放心不下——偏偏要亲自去做不可。要改变这种状态，就要在工作中学会信任别人，知人善任。

正如一艘海上航行的巨轮，船长的职责不是要去驾驶，也不是去升帆，更不是去掌舵，而是掌握航向航线，要处理意外的突发事件，最主要的是要将船上的人有机地组织起来，调动起来，通力合作，以求航行一帆风顺。

领导者正是这样，不是要去做具体的某某琐事，而应是去做事关总体大局的、方向性原则性的事情。为鸡毛蒜皮的事情忙得不可开交的领导者，收获的只能是“鸡毛蒜皮”，还有咸涩的汗水和来自各方的讥笑和挫伤。领导者应宏观管住，微观放开，大胆地让能干的人去做他能干的事。

领导智慧：

为鸡毛蒜皮的事情忙得不可开交的领导者，收获的只能是“鸡毛蒜皮”。领导者应宏观管住，微观放开，大胆地让能干的人去做他能干的事。

091

及早拆散小圈子

小圈子一词中的“小”不是指其能量小，人数少，而是针对它只为少数人谋私利，在组织上排斥大部分人，只注重自己群体的利益，不管全局的利益而言的。有时候，“小”圈子实际上人数众多，其成员大多占据要位，活动能量很大。

管理者一旦纵容小圈子的发展，任其势力膨胀而不加干预的话，那它就会变大，或割据一方，搞独立王国，或藐视领导，或公然向最高领导挑战。这种尾大不掉之势一旦形成就很难处理了。有时管理者即使发现了小圈子的存在，由于气候已成，处理时也不免投鼠忌器，难以下手。

小圈子之于整个组织，就如肿瘤之于人体，一旦肿瘤恶性膨胀，就有吞噬整个机体的危险，就会形成癌症，威胁人的生命。所以管理者决不能容忍小圈子的存在。

具体做法就是要么剔除小圈子中的头目，要么整个小圈子一并拔除。总之，不能坐视不理，要及早发现，及早处理。

领导智慧：

小圈子之于整个组织，就如肿瘤之于人体，一旦肿瘤恶性膨胀，就有吞噬整个机体的危险，就会形成癌症，威胁人的生命。所以管理者决不能容忍小圈子的存在。

092

用好外行人

一位开发了手写识别软件的外国人，不太会讲中文，只会写有限的几个歪歪扭扭的汉字，但是他开发的中文手写输入软件却占据了很高的市场份额。

有人问他："在开始的时候你们为什么不开发自己熟悉的英文手写输入，而是直接选择这么困难的中文？"他愣了一下，随即一本正经地说："因为英文不需要手写输入，用键盘输入就可以了。"

虽然道理显而易见，但是现在还是有很多的人在做与"英文手写输入"类似的无用功。

中国是个盛产技术天才的地方，但是从另一个方面看，技术太好的人往往更容易陷入技术的误区，目不斜视，心无旁骛，成为一个"唯技术论"的技术狂人。

技术外行的人反而能够"旁观者清"，容易跳出过于追求完美技术的牛角尖，全面而宏观地看待问题。

领导智慧：

技术太好的人往往更容易陷入技术的误区，目不斜视，心无旁骛，成为一个"唯技术论"的技术狂人。

093

信任要有一个必要的过程

法国启蒙思想家孟德斯鸠说过：“权力会滋生腐败。”所以对于人才，既要大胆使用又要严密监控。否则，只会把信任变成放任，最终给企业带来巨大的损失。

“疑”并不等于不相信人，客观的、相对的“疑”恰恰是最现实的信任，这也是对人才的爱护。领导的信任是一点一点给的，这要看一个人的表现，表现了多少，领导就给多少。不要奢望企业一下子就相信一个人，这样反而是企业危机的开始。

用人在于考察，清代雍正皇帝的主张是“以临事经验方可信任”。中国的大多数国企和私企都认为录用员工时查阅人事档案，了解个人的基本信息和教育背景就足够了。但事实上，完整的背景核查远不止这么简单，它真正要考察的是候选人的信誉度和职业操守。

领导智慧：

“疑”并不等于不相信人，客观的、相对的“疑”恰恰是最现实的信任，这也是对人才的爱护。

094

用人不疑已不合时宜

中国自古以来，关于人性，就存在性善与性恶两说之争。纵观历史，我们不难看出：相信人性本善的儒家从始祖孔子到孟子，都主张对人才充分信任，用人不疑，但结果都没有把国家治理好。倒是信奉严刑峻法的商鞅、诸葛亮等人，在防范中起用人才、在“赛马”中“相马”，反而把国家治理得井井有条。更何况，现代的企业确实面临着一个信用危机的现实环境。

而中国管理界在管理人才方面一直存在一种惯性和盲区。“用人不疑，疑人不用”这种陈旧的观点，实际上是一种很封建的、与现代经济社会相脱节的用人观。我国企业界在用人问题上吃尽了这种观念的苦头，一些企业所出现的人才流失、粗放经营、信用危机，很多情况是当初大家公认的“有能力、有理想、品德好”等最优秀的人员出了问题。尤其是在一些私营企业中，老板们“疑人不用”，一味看中自己所选的“心腹”之人，比如自己的亲属、朋友或子女，可最终这些人也往往违背老板意愿或做出有损老板利益和企业利益的事来。

这些企业管理不好的原因，都是因为只靠人与人之间的感情信任而造成的，并没有建立起理性的、健全的对人才的考察监督制度。对于人才，我们要采取疑人要用，用人也要疑的态度。正如许多世界500强企业考核干部一样，觉得值得信赖而又有培养前途的干部，人力资源部门才去了解、调查、监督与考核。如果不去了解你、调查你、考核你，那么，你被提拔的可能性就很小。

领导智慧：

“用人不疑，疑人不用”这种陈旧的观点，实际上是一种很封建的、与现代经济社会相脱节的用人观。

095

遇事不要急于做决断

太极拳以绵柔见长，后发制人，足以克刚猛之力，其微妙就在于“留有余地”，遇到强敌不必“硬磕”，就可以顺利“化解”。

有人认为“推”就是优柔寡断，大错特错！“推”同样要当机立断、果断处置。它既有明确的目标，又有实现目标的行为。“推”的艺术的产生和运用，在主观上既不是自己的主观冲动，更不是自己的无能失控。恰恰相反，它是全盘把握、合理控制的高超策略和审时度势之能力的集中反映。

有的事情发展下去对事情本身有利，却可能对自己不利，起码没什么好处。试想，对自己没有丁点好处，却有可能带来风险的事情，难道不该一推六二五吗？当有人提出某件事情要求处理时，你对这件事情一无所知，情况不明，难以作出正确的判断和处理，在这种情况下，不能简单地给予肯定或否定的回答。这时的“推”可以把事情的来龙去脉搞清楚，看看是不是要担责任然后再做决定。身为上司，对属于自己下属职权范围内的事情，如果下属能够自行处理的，就应“推”给下属，以免承担不必要的责任而影响了自己的仕途发展。

对下属没有把握或感到无力处理的事情，上司也不要急于处理，可先让下属拿一个初步的处理意见，在此基础上，对其进行指导和纠正。这样，既可以发挥下属的作用，又可以锻炼下属解决问题的能力。万一出了什么事，还可以把下属当“替罪羊”。

领导智慧：

“推”同样要当机立断、果断处置。它既有明确的目标，又有实现目标的行为。

096

赏得太滥就失去了诱惑力

在事业上，一旦你飞黄腾达，面对昔日的同事或者原来的上司，千万别有什么不好意思，脸上平静如常，并且必要时一点也别手软，更不能留情面。因为以新的身份与过去的同事打交道，该不好意思的应该是他们而不是你。同样，对下属的使用和提拔要用技巧，正所谓“小功不赏，则大功不立”，因而要给下属点好处，但是要一点点给，绝对不能让他们一次吃饱。因为人都没有满足的时候，你的下属也是人，也不会有满足的时候。另外，立点小功就给你部下吃饱了，那么他下次再立功时，你也就不知道再拿什么来奖励他了。

有一个车夫为了使拉车的驴子跑得快些，就将一把鲜嫩的青草拴在前面，恰巧离驴的嘴巴有半尺远。驴子为了得到那把绿茵茵的青草，便拼命地向前跑，可无论怎样用力，那把青草也到不了嘴里。官场上毕竟是粥少僧多，官位就像是一把“青草”，不可能随意授人，再说如果封得太滥，也就不值钱，失去了诱惑力。太平天国后期，为了挽回败局和鼓舞士气，洪秀全先后封了2700多个王。然而数量一多，时间一长，这一招也就不灵了。

领导智慧：

要给下属点好处，但是要一点点给，绝对不能让他们一次吃饱。因为人都没有满足的时候。

097

打狗要看主人

有时候，有的事发生在你的职权范围内，但你未必管得了；有的人为你所属，但其实是指挥不动的“大人物”。世事错综复杂，险象环生，危机四伏，原因就在于有一套“潜规则”。

“一朝权在手，便把令来行”，听起来很过瘾。但我告诉你，有时候千万别当真。战国时期，以“变法”而名垂青史的商鞅，就是因为把这句话当真了，他一味杀罚，就连太子老师的鼻子都敢割，结果在功成之后被五马分尸。

现实生活中，可能有时你的下属不是皇亲就是国戚，那么你一旦把权行，不小心得罪了这些养尊处优的公子哥儿，也许过一段时间，你就由于关照不好这位下属而付出沉重的代价，很有可能乌纱不保，或者连降三级。因而你行使权力的时候，一定要理解“打狗要看主人”的说法。

领导智慧：

“一朝权在手，便把令来行”，听起来很过瘾。但我告诉你，有时候千万别当真。

098

多用称赞和鼓励

我们不要再去想我们的成就，以及我们所要的。我们要试着找出别人的优点，然后给别人诚实而真挚的赞赏。别人就会咀嚼你的赞赏，把它们视为珍宝，一辈子都在重述它们——当你忘了他们之后，他们还在重复着。

一位主妇聘用了一个女佣，让她下周一正式上班。然后她打电话给那个女佣的前任雇主，询问了一下她的个人情况，结果得到的评语却是贬多于褒。

女佣到任的那一天，这位主妇对她说："几天前我给你的前任雇主打了个电话，她说你诚实可靠，菜做得很好，也非常讨孩子们喜欢。唯一的缺点就是对整理家务不太在行，屋子里总是脏兮兮的。不过，她的话我不太相信，因为我从你的穿着可以看出来，你是一个很爱干净的人，你一定能够把家里整理得井井有条的，我相信你一定做得到！"

女佣听了她的话真的很感动，干活非常认真细致，也非常勤劳，把家里收拾得一尘不染。她们一直相处得非常愉快。

没有人会不喜欢听到别人对自己的赞美，同样，也不会有人喜欢听到别人的指责。称赞和鼓励一个人所取得的效果要比批评和责骂显著得多。

领导智慧：

没有人会不喜欢听到别人对自己的赞美，同样，也不会有人会喜欢听到别人的指责。称赞和鼓励一个人所取得的效果要比批评和责骂显著得多。

099

切莫过了嘴瘾，伤了信用

许诺越高，兑现越难，一旦兑现不成，失望也越大，而当失望超过一定的限度，就是绝望。这就意味着死亡。与当时脱口而出相比，实现自己的诺言实非易事。领导们到这时都会后悔当时夸下海口，结果自己难为自己。许诺不能兑现，最容易使人走向反面。很多时候人们原本的期望值并不高，但经领导轻易许诺一刺激，期望值顿升，虽然心里也知道有些不切实际，但人就是这样："上去容易下来难。"

更严重的问题是，许多领导根本就没有打算兑现。当初的许诺只是"逗你玩"，让你努力工作而已，现在你的价值不大了，也就没有兑现的必要了。这种过河拆桥的实用主义观点，简直就是让企业自杀，因为你的信用下降及对员工的不公正，会影响到企业所有员工。兔死狐悲，他的今天就是我的明日，那么其他员工就会对企业、对领导毫无信心。如果是在你这儿干，那一定是出于无奈，否则一有机会肯定会拔腿就走的。这种有意的不兑现，给企业带来的危害是灾难性的，是用多少心血多少钱都无法挽救的。

因此，领导们不要信口开河，有一分说半分，给自己与别人都留点余地，切莫过了嘴瘾，伤了信用，否则得不偿失，会遗恨终身的。

领导智慧：

与当时脱口而出相比，实现自己的诺言实非易事。

100

用切身利益拴住合作者

世人各为自己打算，真心的合作是非常难的。要想对方死心塌地与你合作，最好的办法就是一根绳子拴两只蚂蚱，跑不了我，也蹦不了你。将两个人的利益紧紧地绑在一起。这恰如孙子所说的“夫吴人与越人相恶也，当其同舟共济，遇风，其相救也，如左右手”。这就是“拴羊吃草”的内涵。如何拴住“羊”呢？方法就是“断其下翎”。“夫驯鸟者断其下翎焉。断其下翎，则必恃人而食，焉得不驯乎？夫明主牧臣亦然，令臣不得不利君之禄，不得无服上之名。夫利君之禄，服上之名，焉得不服?”

“夫妻本是同林鸟，大难临头各自飞。”被人誉为一生风雨同行的夫妻尚且如此，更何况其他与你生死无关痛痒的人，在利益面前又怎能保证不出卖你。所以，“同舟共济”的意义是指在困难面前，彼此能够互相救援，同心协力。而通常情况下，同舟共济之人可以齐心协力，但天下没有不散的筵席，建立在一定利益基础之上的“同舟”，总有各奔东西的一天。

世上不乏这样的人：当你得势时，他恭维你、追随你，信誓旦旦愿意为你赴汤蹈火；但同时也在暗中窥视你、算计你，搜寻和积累着你的失言、失行，作为有朝一日打击你、陷害你并取而代之的秘密武器。公开的、明显的对手，你可以防备他，像这种以心腹、密友的面目出现的对手，实在令人防不胜防。

领导智慧：

要想对方死心塌地与你合作，最好的办法就是一根绳子拴两只蚂蚱，跑不了我，也蹦不了你。

101

树立一个不好惹的形象

如果你看起来软弱可欺，最终也必然为人所欺。因为一个人表面上的软弱，事实上也助长和纵容了别人侵犯你的欲望。

行世者应该有一点锋芒的，虽然没必要像刺猬那样浑身带刺，至少也要像那些凶猛的动物一样，让人觉得你不好惹才是，这样才能保护自己的利益。特别是对于那些没事找事的恶人，更应如此。树立一个不好惹的形象，可以确保自己不受欺侮。因为，这一形象在时刻提醒别人，招惹你是要承担后果并付出更大的代价的。

因此，通过某些形式、某种物品、某个动作，给小人一种暗示，自己绝对不是好惹的，更不是好欺负的。实际上是告诉小人，一旦被逼急了，羔羊也会变成猛虎的，“兔子急了还会咬人”，更何况人！这里，虽然没有明火执仗的对抗，没有拳脚相见的冲突，但它也是一种较量，是一种力量和意志、人格的显示。

树立一个不好惹、不受气甚至敢玩命的形象是很重要的。有了这一形象，就再也不用担心别人敢平白无故地欺侮和招惹你，你的权利也自然就保住了！

领导智慧：

树立一个不好惹的形象，可以确保自己不受欺侮。因为，这一形象在时刻提醒别人，招惹你是要承担后果并付出更大的代价的。

102

一个高明的领导者绝不与下属争夺功劳

中国人在讲自己的成绩时，往往会先说一段套话：成绩的取得，是领导和大家帮助的结果。这种套话虽然乏味得很，却有很大的妙用：显得自己谦虚谨慎，从而减少他人的忌恨。好的东西，每个人都喜欢——越是好吃的东西，越是舍不得给别人，这是人之常情。

功劳面前，作为领导者如果只顾自己享受，而不肯惠及下属，则下属们会认为，自己大效“犬马之劳”，却没有受到一点奖励，实在是不公平。由此，下属组织的向心力自然变得薄弱，对领导也会变得口服心不服。

值得警惕的是：一个能接近领导而又忌恨领导的部下，是相当危险的人物。

因此，一个高明的领导不但会与下属分享功劳，有时还会故意把本属于自己的那份功劳推开让给下属。下属在获得成就感的同时，也必然会助领导成功，这绝对是最高级的用人术。出于“士为知己者死”的心理，从此以后，还哪能有不肯全心全意服从领导、竭诚工作的下属呢？

领导智慧：

一个高明的领导不但会与下属分享功劳，有时还会故意把本属于自己的那份功劳推开分给下属。

103

慈不掌兵

一个杰出领导者的经验是：一旦采取坚决的措施，就变得冷酷无情。即使当他们不得不解雇某人时，也并不因内疚而变得犹豫不决。一旦认准时机，便要出手利落，坚决果断，毫不容情，决不犹豫不决，反复无常，拖沓累赘。这样做也是在众人面前显示：我的做法是完全正确的，适宜的，我对我的做法毫不后悔，充满信心，这是最好的选择。同时要加强对员工的约束，有强化纪律的书面规范，保证下属受到公平的对待，避免一时冲动给他们不恰当的惩罚。

管理者要有狠心肠，才能使被罚者有切肤之痛，并让其他人受到警示，避免犯同样的错误。面对一个犯错的部属，一旦采取温和的做法，下次别的人犯同样的错误时，也就无法斥责了。渐渐地你的刀口越来越钝，没有了锋芒，最后你会落得谁也不敢批评的境地，无法继续领导部属。领导要站在公司的立场上向员工摊牌，详细说明开除的原因，即使当时员工接受不了，相信你客观公正的态度也不会让任何人有异议。当然，开除员工这样重大的事情一定要慎重，同时还要照顾到大家的情绪。

领导智慧：

管理者要有狠心肠，才能使被罚者有切肤之痛，并让其他人受到警示，避免犯同样的错误。

104

好汉不提当年勇

许多主管一开口，就喜欢以“我年轻时……”或“我当你这么大的时候……”等话，作为自我吹嘘的材料。他深知，对方绝不可能会有与他相同的经验去加以证实。因此，他乐于此道。

然而他忽略了一点，那就是别人在听这些话时，一点也不觉得有趣，聆听他人的失败经验，或许还能获得“他山之石，可以攻玉”的效果，而听一些自我吹嘘、自我夸饰的话，则是毫无所得。可笑的是，许多年轻的领导，最容易犯这个毛病。

“又开始了”，多数下属会在暗地里嘀咕，而表面仍装着仔细在听，所以这些领导就更不知趣地滔滔不绝了。

这种自我表现的欲望，不只是未成熟的年轻人才有，即使那些德高望重的年长者，也无可避免。

实力是一种具体存在的东西，不经自我宣传，别人也会察觉的。

一个真正有涵养的人，往往也是最谦虚的人。所谓“愈成熟的稻穗愈往下垂”便是这个道理。

领导智慧：

实力是一种具体存在的东西，不经自我宣传，别人也会察觉的。

105

不施霹雳手段，难显菩萨心肠

一般人都喜欢温暖而厌恶寒冷，喜欢凉爽而厌恶炎热。然而如果冬天不冷，夏天不热，那么不仅万物无法生长，人也容易患上各种疾病。领导者如果在执行规章制度的过程中过分仁慈，实际上是在诱导员工违章受罚。以过分宽大开始，往往会以十分严厉结束；追求少用处罚的人，将来必然导致频繁处罚。

佛家有一句话叫："不施霹雳手段，难显菩萨心肠。"所谓"霹雳手段"，就是对存在的违规行为，依法治理，绝不手软；所谓"菩萨心肠"，就是在严格管理之中，体现对员工根本利益的尊重和维护，该严则严，该宽则宽，该帮的则一定要帮。只有如此，领导者才能与员工形成根本利益上的一致性，使可能出现的矛盾在这个基础上得到化解。

我们都知道孙武为吴王训练女兵，为正军纪而杀吴王爱姬的故事。如果他心慈手软，对各种违反军中规定的行为不加以惩罚，特别是对皇帝宠姬的犯规行为加以纵容甚至刻意讨好，那么必然会军纪废弛，军心涣散。这样一支军队上了战场，必然会溃不成军，损失惨重，不知有多少士兵要因此而丢掉性命。

这样的话，本来想讨下属喜欢的领导者，反而会落得天怒人怨的下场。一个对员工滥施"妇人之仁"的领导者，并不是真正的关心和爱护员工，而是在拿企业和员工的前途做代价，维持一时的平静。

领导智慧：

一个对员工滥施"妇人之仁"的领导者，并不是真正的关心和爱护员工，而是在拿企业和员工的前途做代价，维持一时的平静。

106

不以出身论英雄

把出身作为一种选人、用人的主要条件，是一种陈腐的用人观念。以出身取人的用人者，门第观念十分严重，这些用人者不问人的德才如何，只关心人的身份家世。在他们看来，龙生龙，凤生凤，老鼠生儿会打洞，所以人的出身决定了他的能力，理当成为一个人被任用与否的重要条件。

出身高贵的未必德行高尚，许多王公将相世代公卿，在民族危亡之际，想的不是力挽狂澜，救民于水火，而是怎么样苟且自保，甚至卖国求荣；出身卑贱的未必品德卑劣，历史上舍生取义、铁骨铮铮的汉子，很多来自于下层。出身富贵的未必知识丰富，出身贫贱的未必才干拙劣，这是人所共知的道理。

领导者不想在识人的过程中出现失误，必须改变自己的识人之法，打破传统观念，以自己的眼光和需要去观察人才、考验人才，这样才能有所作为。相反，如果光是用教条的办法评判下属，肯定是自己给自己堵死了一条活路，更谈不上识准人才了。

领导智慧：

出身卑贱的未必品德卑劣，历史上舍生取义、铁骨铮铮的汉子，很多来自于下层。

107

玩弄手腕者终究会失信于人

失信于人，说话不算数，许诺不兑现，从深远的方面来说，意味着你丢失了人之所以为人的起码品质，意味着在别人眼中你失掉了为人的信誉。这个损失多么惨重，你当然会掂量得清清楚楚。

除轻诺寡信之外，好要小聪明、玩弄手腕者也大多失信于人。这样的人也许可以一时欺骗蒙哄某些年幼无经验者，可以得利于一时，赚到一笔，捞到一把。可是第二次或第三次，一旦被识破，别人就不会再相信你了。如此，你必将得不偿失。从根本上看，从总体价值上看，你骗到的是一粒芝麻，丢失的却是一个大西瓜。

要信守约定，看起来似乎很简单，做起来却相当困难，你只要稍有疏忽，就可能无法守信。所以，你在对待别人时，千万别轻易许诺，许诺了，便一定遵守，别人会为你的态度所感动，他们认为你是一个信者，从而会信赖、依赖你，你在生活中、工作中便会战无不胜，攻无不克。

领导智慧：

玩弄手腕者，也许能一时欺骗蒙哄某些年幼无经验者，可以得利于一时，赚到一笔，捞到一把。可是第二次或第三次，一旦被识破，别人就不会再相信你了。

108

重用有情有义的人

明英宗时，都指挥使马良深受英宗的赏识。有一年，他的妻子死了，英宗便派人去安慰他，得知他已数日不出门。英宗惊问其故，有知内情的人说："马良正在办喜事，新娶了一个妻子。"于是英宗心想："这家伙对前妻如此无情无义，又怎会忠心于我？"于是，从此疏远马良。事实也是这样，一个连爱妻之心都没有的人又何谈爱人？更无须谈爱国忠君了，这样的人又怎么能重用呢？

人们交友，爱交有情有义之人，用人亦是如此。用有情有义之人，他们会尽职尽责地把工作做好，同时他们为报知遇之恩，也会鞠躬尽瘁。有一大批有情有义的下属，攻城不怕城不破，办事不怕事不成。这些人一旦被领导予以重任，便会脚踏实地地工作，成为领导的得力助手。所以，要想振兴企业，创造辉煌，做领导的一定要重用有情义的人。

领导智慧：

有情才能有义，无情者无义。

109

成大事者不谋于众

真理往往掌握在少数人的手里，真正能够先知先觉的是少数。而在这少数人行动之初，因为大多数人还停留在昨天，他们也必然处在曲高和寡的位置上。这时，他们只能运用手中的权力，先行动作。在人们跟着行动之后，看到了改革带来的好处，这才有所谓的拥护。一位领导人曾说过："任何一个大的社会变革，思想的真正统一，常常不是在变革之前，而是在变革之中、变革之后。如果片面强调不统一思想就不能行动，实际上就是取消了行动。同时也就否认了纪律的必要性。"

这里，我们不是主张领导者个人的独断专行。任何人的改革主张，都是要取得支持的，也需要得到相关人们的认可。这主要是说，只要主要领导思想一致，或者领导成员意见一致，就可以行动。不必发动群众，开展一个大的宣传、教育运动。甚至，也不必非要统一全体领导的认识。

所以说"成大事者不谋于众"，还因为改革是一项艰难的事情，讨论、议论，就会出现不同的声音。在困难面前，是一定有人后退的。说白了，多数人并不想干大事，那太困难。这样，如果与其谋划，他们就成了必然的障碍。与其如此，不如绕过他们。

说得不好听，改革家往往是孤独的思考者和独裁的领袖。

领导智慧：

如果片面强调不统一思想就不能行动，实际上就是取消了行动，说白了，多数人并不想干大事，那太困难。这样，如果与其谋划，他们就成了必然的障碍。与其如此，不如绕过他们。

110

不可在下属背后说三道四

人们都讨厌背后说自己“坏话”的人，如果这个人恰好是自己的上司，员工的感受是显而易见的。

人人都希望在工作岗位上能互相帮助，取长补短，愉快地工作。但是，这种和谐的群体气氛，常会被一些无聊的小事所破坏，使大家的心里蒙上一层阴云。

当某人不在场时对其说三道四，这是破坏群体和谐的大敌。虽然言者未必怀有恶意，然而，由于谈论的是一个不在场的人，言论很易出格，让人听起来不无诽谤之感。

而这些背后议论一个人的言论，传来传去常常在无形中被夸大，尽管传话的人可能并无恶意，但一旦被受议论者听到后，足以使其伤透心。

人类最难控制的器官是舌头，最难压抑的欲望是说话。想要堵住一个人的嘴巴，恐怕是不可能的。更何况这些背后议论的话语几经相传，最后被本人听见时，已经是恶意话语之集大成了。相形之下，被议论者对那些背后议论之人的反感和气愤程度，是可以想象的。随之而来会产生永远不再与那些议论自己的人说话、共事的思想，也是毫不奇怪的。这样一来，和谐的群体气氛必然遭到破坏。

某人不在场时，绝对不要对这个人的行为做任何不负责任的评论。这是作为组织中的一员应有的起码修养。哪怕是没有一点恶意的议论，也是绝对不允许的。因为这会给集体造成难以估量的损失。

领导智慧：

有话讲在当面，特别当你是领导的时候，随意做小人，代价是很惨重的。

111

大事明白，小事糊涂

在管人上有句话叫“大事明白，小事糊涂”。其实“大事明白”者，怎么可能“小事糊涂”呢？须知大事就是小事积聚起来的啊！所谓小事糊涂，只是装糊涂而已，因为真正的智者不屑在小事上浪费时间和精力。

人的精力是有限的，如果事必躬亲会活得很累。诸葛亮在中国人的心目中是智慧的象征，但是他治理蜀国事必躬亲，最后活活累死了。而他死后不久，“蜀中无大将，廖化作先锋”，使蜀在三国中最先灭亡。

在处理大事与小事的关系上，有人提出了一种论点：大事小事都精明——少；大事精明小事糊涂——好；大事糊涂小事精明——糟。在古罗马律法中就有“行政长官不宜过问细节”一条。在现实生活中，不仅仅是领导者，普通人也时时面对一些所谓的大事和小事，我们就没必要在鸡毛蒜皮的事情上耗着。

何为大事？影响全局的事为大事，决定整体的事为大事，范围内的工作之重为大事，也就是说以结果来评价事之大小，而不是以事之大小决定结果。对于一个企业管理者来讲，不管其工作性质如何，内容多寡，其工作程序和本质是不变的。工作的关键环节和关键行为应当做重点来看待，在这些问题上，思路必须清楚，不能糊涂。

领导智慧：

人的精力是有限的，如果事必躬亲会活得很累。

112

给下属留点发挥的余地

某一“方便蛋糕”制作厂家，在包装纸上标明“不用加牛奶，只要加水即可”，可是销售情形并不理想。因为一般家庭主妇都习惯了由自己加入牛奶或添加其他材料来制作蛋糕。她们觉得用厂家调配好的材料制作的反而不好吃。

也就是说主妇们想表现出自己的“手艺”，认为只有自己亲手加入各种材料才能制作出可口的蛋糕。于是，厂家改变了产品的调配方式，让家庭主妇们有机会自己加牛奶或鸡蛋等材料，并且以此为特点进行了大力的宣传，结果销售量大幅度增加。

上司向部下分配工作时，如果指示得过于具体，有时反而不好。一位懂得基层人员心理的上司，在向部下分配工作时，要充分考虑到部下的自尊心，留一些可让部下发挥自己的创造力的余地，部下才会积极主动地完成任务。

也就是说，如果你把自己当成博学多才的亚里士多德，把对方当成一文不值的傻子，那么对方会本能地增强对你的防卫心理。

领导智慧：

信任是人与人之间交往的前提，给下属留下一个做得更好的空间，这个世界上毕竟不是只有领导者才有智慧。

113

胡萝卜加鞭子

自古以来，驾驭马有两项必备之物，那就是胡萝卜和鞭子。

但是，只有胡萝卜和鞭子并不一定就能把马驾驭得很好，这还得看御者懂不懂得如何运用这两样东西。换言之，驾驭的要点有3项——赏、罚及赏罚的运用之术。

①胡萝卜是用来引诱马的，当马表现得好的时候，便赏它一根胡萝卜，这就和人表现得好的时候，给他称赞或奖励一样。

②鞭子用来鞭策马，当马表现得不如人意时就给它一鞭子，这就如同人表现得不好时加以处罚一样。

③这赏罚之术如果运用得当的话，御马者就能让马心服，而领导人亦能让人心服。

以上三者就是御马和管人的原理。这从实际的经验中也不难得到印证。

领导智慧：

做人要有方有圆，有软有硬，不能一根筋。“胡萝卜加鞭子”，不只用于管理，在我们生活的方方面面，细细品味，都是一个颠扑不破的做人做事真的理。

114

裁员不是最好的办法

昭和四年（1929 年），日本的经济不景气，造成物价下跌与商品销路不佳，各商家几乎都面临了工厂关闭与解雇员工的厄运。

松下电器这时也面临着商品滞销的命运。而此时，松下先生因病正在休养中。负责人进植先生与武久先生商量后，做出裁员半数的决定并向松下先生请示。松下先生听了，马上就提起精神说：

"即日起生产减半，工厂只上半天班，不裁员，但员工薪资仍发给全薪。另一方面，店员必须放弃休假，全面地促销。"

松下先生之所以做出这样的决断，是因为他希望松下电器在日后能逐渐扩大发展，如果在这个时候为了解除眼前的危机而解雇员工，一定会让员工的情绪动摇。面临这样不景气的环境，如果领导者能站在部属的立场考虑，让部下产生高昂的士气，一定能够让大家提起精神来，同心协力地突破不景气的危机。

进植先生和武久先生听了松下先生的决断非常高兴，立刻召集全体员工，告知大家公司的决策方针。大家听了也都非常高兴，许下誓言愿全力拓展业务。结果，仓库内的库存不到 3 个月就卖完了。自此，非但不用再上半天班，就是拼命地生产也不敷需求。

领导智慧：

在你企业困难的时候，把人当做了累赘，恨不得一脚都踢出去。在你企业步步高升的时候，又把人招回来，要求为你卖力。没有人愿意在没有安全感的环境里，被人招之即来、挥之即去。在这样的企业，又有谁会努力工作？这种行为，在为人处世上叫"唯利是图"。在做人上你唯利是图，路就会越走越窄，最后为人所不齿；在做企业上你唯利是图，就会变得孤家寡人，无人可用。

115

让部属安安静静地做事情

领导者的唠唠叨叨，大多情况下是不受部属欢迎的。尽管有的领导者完全出于对部属的关心和爱护，但部属往往不领情。

领导者必须用全力建立起对部属的信任与理解，真诚地把部属当做自己志同道合的战友，而不是当做自己的“工具”或“附属物”，更不能幻想部属与自己建立起一种人身依附关系。如果那样，性质就变了，上下级之间的团结共事就会失去政治基础。

三国时的杨颙说过一句话：“为治有体，上下不可相侵。”意思是说，为了使领导工作有秩序，有层次，上下级之间不可互相干扰，互相打搅。从这个意义上说，领导者就要干领导者的事。领导者在作出决策和部署之后，就要让部属安安静静地做事，就要放手让他们独立思考，独自根据实际情况狠抓工作落实。领导者可以跟踪督促检查，但绝对不需要天天追问，天天检查。如果那样，部属就无法静心思考自己的工作，就无法发挥主观能动性和创造性，也就谈不上对领导者负责。

少说些，也许对做好领导工作更有利。

领导智慧：

唠叨除了让人讨厌之外，简直是一无所获。

116

不要把弦绷得太紧

从某种意义上说，物极必反也是自然界的一条规律。

人的精力是有限的，不可能像机器一样无限度地高速运转。否则，非出问题不可。何况，人是有感情的，心情舒畅时，精力充沛时，其工作效率也会相应地提高。因此，领导者在部署工作任务时，要注意留有余地，不要使部属始终处于紧张状态。从实施科学领导的角度看，该放松时要适当让部属放松些。什么时候该放松些呢？可以从以下三方面着手：

一是完成重大任务后可以适当放松些。因为在集中力量完成重大任务时大家全力以赴，始终处于亢奋状态，一门心思做工作。一旦任务完成了，从心理上和体力上来说，部属都要求“松口气”，“歇歇脚”。这时候，领导者应体察下情，适时地作出安排，使大家尽快地得到休整。

二是在节假日前要适当放松些。比如，春节即将临近，人心思“节”，有的同志可能还急于回家。这时候，如果领导者仍然像往常一样给部属布置许多任务，那就显得“不合时宜”，部属接受任务时就可能不会像平时那样愉快和乐意。即使勉强接受任务，完成任务的质量也会打折扣。因此，在节假日前最好让大家放松些。

三是工作中受到挫折时要注意让大家精神放松些，以便更好地总结经验教训，做好下一步的工作。如果在工作中出现挫折后，领导者急于设法弥补，一直追加工作量，则很有可能造成大家的逆反心理，出现欲速则不达的结果。

领导智慧：

放松是一切创意与灵感的前提，没有一个轻松的心情，你什么也做不好。

117

大权独揽，小权分散

在指派工作的同时，管理者应对下属授予履行工作所需的权力。这就是“授权”两个字的由来。主管所授予的权力应以刚好能够完成指派的工作为限度，倘若授予的权力超过执行工作的需要，则势必将导致下属滥用权力。

领导者应该做到：大权独揽，小权分散；绝不可权力集中，事必躬亲。善于分配工作，并进行有效的指导和控制，使下属有相当的自主权。

领导者授权后，仍然对下属所履行的工作的成效负全部责任。这就是说，当下属无法做好指派的工作时，领导者将要承担其后果，因为前者的缺陷将被视同后者的缺陷。另一方面，为确保指派的工作顺利完成，领导者在授权的时候必须为授予权力的下属订下完成工作的责任。下属若无法圆满地执行任务，则授予权力的领导者将唯他是问。

主动承担责任，他们将更加信任你。

领导智慧：

授权并不是最后的终结，而在做必要的追踪、修正，甚至收回。如果一个企业没有一个权威，没有一个能最后做决策拍板的人，这个企业就可能是一盘散沙。

118

不越权，不管闲事

不同层次的管理人员，应该只决策本层次工作中的问题，如果决策其他层次的问题，就是“越权”。

如果企业中层领导去决定作业班次的投入产出，决定机器设备如何维修等具体事宜，就是对下属的“越权”；如果决定对外联营、合资经营等重大问题，就是对上级的“越权”。

正职管理人员一般是负责本部门的全面工作，副职管理人员是负责某一方面的工作。在实际工作中，正职领导往往抛开他的副手，作出一些应由副手作出的决定，而副手也常常有应该请示正职领导的事情而不请示，擅自决定问题的现象。

管理人员应该主要管好自己的事，而不少领导人喜欢管别人的事。对下属，甚至对下属的下属的工作，这也看不惯，那也不满意，这也不行，那也不对，在这里挑剔一番，在那里指责一气。在这样的领导人眼里，别人干什么都不行，唯有自己才是最有事业心、责任感的。这样的管理人员总是企图把别人熔化掉倒在自己的模子里，重新浇铸得跟自己一模一样。群众称之为“爱管闲事的领导”。

领导智慧：

升迁的首要条件是做好自己的本职工作。

119

重赏之下，必有勇夫

所有员工，都希望自己能从工作中获得满足。工资待遇是满足其生存需要的重要手段。有了工资收入，不仅感到生活有保障，而且还是社会地位、角色扮演和个人成就的象征，具有重要的心理意义。

工资激励必须贯彻劳绩挂钩、奖勤罚懒的原则。工资水平与劳动成果挂钩，使升了级的满足，升不了级的服气。

奖金是超额劳动的报酬，设立奖金是为了激励人们超额劳动的积极性。在发挥奖金激励作用的实际操作中，应注意以下三点：

①必须信守诺言。不能失信于员工，失信一次，会造成千百次重新激励的困难；

②不能搞平均主义。奖金激励一定要使工作表现最好的员工成为最满意的人，这样会使其他人明白奖金的实际意义；

③使奖金的增长与企业的发展紧密相连。让员工体会到，只有企业兴旺发达，才有自己奖金的不断提高。

奖金永远是激励士气的有效工具。没有资源配置，“又要马儿跑，又要马儿不吃草”，既要别人忠心，自己又没有诚心、诚信。这样一来，战略管理、绩效管理就成了无源之水、无本之木。

领导智慧：

在一些劳资纠纷当中，也许大多数人都会说：这不是钱的问题。你可千万别相信，如果不是钱的问题，又会是什么问题呢？是重视？是信任？如果没有一定量的薪水，那么重视与信任又何来呢？

120

不要偏袒女下属

管理女职员，要特别注意公平对待，不能偏袒其中任何一个。女性感情细腻，发现受不公平对待就易产生不满情绪。如果管理者过多袒护自己喜欢的女职员，也有损自己的形象，招致周围同事的非议。

管理者在分配较困难的工作给女职员时，她们为了逃避责任，往往会来上一句：“我们女人无法做。”在这种情况下，管理者应当严格要求，不能任这种不良态度放纵下去。

领导智慧：

毫无原则地袒护自己喜欢的女职员，必有不良企图。

121

目标要看得见、摸得着

激励员工的最佳方式之一，就是为他们指明一个奋斗的目标和方向。如你能为人们激发一个兴奋点，他们将死心塌地地追随你。

20世纪30年代，密苏里州的天主教决定建造一个大教堂，名字叫“礼堂”。然而，当时正是经济大萧条时期，教会没有一分钱可用。于是，教会发布一个告示：我们需要一笔钱来建造我们的“礼堂”，那将是一座伟大而神圣的建筑，我们会在宽敞明亮的大厅里，唱着动听的赞美诗。于是，来自各阶层的人们不计前嫌，扶老携幼前来捐款。不久，所需款项便告完成。

然而，“礼堂”建成后，教派就衰落了为什么呢？因为礼堂一建成，人们的兴奋点也消失了，他们不再有一个可向往的目标去追求，教派领导人没能为追随者建立一个新的可实现的兴奋点。所以，在你激发的每个兴奋点的目标已达到后，你必须立即激发起另一个新的兴奋点。

目标应是像“礼堂”一样可看得见的。无形的目标太抽象和不明确，普通的成员都会视而不见。

领导智慧：

目标应该看得见，摸得着，太虚无缥缈反而会影响人们的工作动力。

122

扶上马，送一程

一般的主管，对于年轻人总怀有戒心，通常总喜欢留住他们而不给予重用。要知道，这样是有碍人才发展的。

正确的做法是：对于真正有才华的年轻人，应该是一开始，就把他们当成能独当一面工作的人，委以重任，让他们有机会去表现自己的能力。万一失败了，就要让他们负起责任，或查明有关原因或处理善后工作。总之，这一切责任都要由他们一肩挑起，如此，才容易促进他们的成长。若是他们成功了，自然就给予其应得的奖励。

领导智慧：

只有你一手培养出来的人才，才会死心塌地为你效力。

123

给下属明确的指示

1941年，第二次世界大战让美国全民行动起来。由于飞机的大量生产，人员出现了短缺，飞机制造公司尽量雇用刚刚毕业的大学生做工程师。不幸的是，这些公司的领导者有一些没有受到领导能力方面的适当培训。西雅图波音飞机制造公司一名新上任的工程师主管接收了5名新近毕业的工程师。在他们工作的第一天，他习惯地给他们一个接一个地分派工作。他没有向他们解释，也没有问他们有没有什么问题。

他递给其中的一个工程师一大叠铝合金B－17型发动机“蓝图”模板。他告诉这位新工程师：“你把这些模板清洗干净，不要有一个污点。我要求你在今天下午完成这项任务。好了，去干吧！”

这些“蓝图”模板是铝合金凸版，是发动机制造和组装说明书。它们是印制图纸的模板。这些图纸是用于生产线上的。这种铝质“蓝图”沾上了墨和润滑油，这是在使用过程中弄脏的。主管的意思是清理这个价值昂贵的模板上的墨迹和润滑油。主管要求把它们洗得干干净净，“上面不留一丝污点”。

这个粗心的工程师没有领会主管的意思。他拿来几张“布里洛”牌砂纸，费了九牛二虎之力打磨这些金属板，直到它们熠熠发光为止，把模板上的重要凸字悉数擦掉。在那天下班之前，他非常自豪地将它们呈交给总监。他当即就被解雇了。

领导智慧：

不是所有的人都和你一样内行和聪明，任何时候都要慎用“我以为”。

124

不要轻信迅速领命者

有时领导在部署任务时，工作布置还没有结束，下属就迅速地回答“我懂了”。这样，领导就停止了交待和安排，很放心地让下属去办。事实上，下属并没有真正开始去做，或者做了但不符合领导的意图，遇到此种情况，领导应该如何对待下属呢？

下属在说“我懂了”时，其实是漫不经心，盲目回答，不考虑后果，当时未必真懂，只是略知一二，便自以为是。到了真正工作时，才发现力所不及，慌手慌脚，怠工误时。这些人多半注意力不集中，考虑问题不全面，听话时易断章取义，对领导的话不能全面领会。

对于这种下属，应该清楚地告诉他怎么做，并严格规定期限，给他施加一定压力。在期限之前严加督促。适当的时候，给予一些必要的鼓励和帮助，使他能较好地完成工作。

领导智慧：

领导下达命令时，应缓慢有力，语言简洁，中心明确。

125

对付小人的秘诀：敬而远之

作为一名领导，下属对你的议论会通过各种途径传到你上司的耳朵里，你当然不喜欢这些议论是对你的贬低，甚至于诋毁。要让下属少说一些你的坏话，你需要从自身做起。

有些下属的心胸比较狭窄，遇事总爱斤斤计较，对这种人要学会忍让，尽量不去触怒他。在分配工作任务时，不要面对面直接分配给他，最好集体一块儿分配，让他明白任务的分配公平、合理，使他的心理能得以平衡，不会因为任务的轻重不一而生出意见来。但是，一旦下属的行为确实触犯了部门的利益，你就要按原则去办事了，和他诚恳地讲清道理，说明原因，该怎么处理就怎么处理，千万不能姑息迁就。

另外，即使是反对者也要和他打招呼。如果对方仍然坚持转过头去，你也不要急，终究还是会出现曙光的。再一次呼唤他，当他有了善意的回应时，不要忘了，就是这个时候，是转换人际关系的最好机会。至少这个努力，可以防止人际关系再度恶化。

领导智慧：

绝对不要和小人争斗，因为在与小人的战争中，没有赢家。

126

有十分的把握，说七分的话

为人处世，应当讲究言而有信，行而有果，领导者更是如此。因此，许愿不可随意为之，信口开河。明智者事先会充分地估计客观条件，尽可能不做那些没有把握的许愿。

如果你对情况把握不是很大，就应把话说灵活一点，使之有伸缩的余地。你在许愿中可采用延缓时间的办法，即把实现许愿的时间说长一点，给自己留下为实现许愿创造条件的余地。

如果你的承诺不能自己单独完成，还要谋求别人的配合，那么你在许愿中可带一定的限制词语。

领导智慧：

做任何事情，都要给自己留下机动的余地。

127

授人以鱼，不如授人以渔

要帮助一个饥饿的人，最快的方法就是给他一条鱼。对于那个收到鱼的人而言，晚餐就有着落了（可是吃完了，又不知道下一餐在哪里）。其实，以长远的眼光来看，最好的方法，应该是教他学会钓鱼，这样他就不用再为一日三餐发愁了。

上司把自己的顾客转给业务不佳的下属，就像是给他一条鱼。只有告诉他“要怎么开拓新市场”、“要抓住什么样的顾客”之类的要点和秘诀，才是教他怎么钓鱼的方法。

给他一条鱼，是让他一天有饭吃，教他钓鱼的方法，是让他一生有饭吃。

领导智慧：

告诉他应对的方法，让当事者自己去解决问题，这才是培育人才的精髓所在。

128

让你的管理“扁平化”

在现代企业的经营中，一些必要的信息需要及时传达，就如同军队的情报，往往越是及时，越有价值。

但是绝大多数的管理模式是一个金字塔状的结构，高层管理者位于金字塔顶，他们的指令通过一级一级的管理层，最终传达到执行者；基层的信息通过一层一层的筛选，最后到达高层管理者。

但知识经济和信息时代的出现，已经对传统企业的价值观念、管理体制、营销方式等提出全面挑战，企业组织架构也将面临新的挑战。一是企业组织规模越来越庞大，企业管理层次已经多得难以有效运作；二是外部环境的快速变化要求企业快速应变，具备极强的适应性。而管理层次众多的层级结构所缺少的恰恰是一种对变化的快速感应能力和适应性。因此，我们必须改变金字塔式的层级结构，减少中间的管理层级，采用扁平化的组织结构。

所谓扁平化模式，是指通过减少中间层次，缩短经营管理通道和路径，增大管理宽度和幅度，促进信息传递与沟通，从而提高经营管理效益与效率的企业组织模式。扁平化组织的特点是：管理层次少，管理费用低，管理跨度大，信息沟通时间少，历程短。扁平化趋势表现在渠道层级减少、渠道缩短，管理幅度大大增加。

恐龙之所以在地球上灭绝，就是因为它们体格过于庞大和臃肿，它们高高昂起的头已经看不清楚地面上发生的情况了。反而，体格偏小却灵活的老鼠呀蚂蚁呀，却一直繁衍不息。如今瞬息万变的市场，管理的扁平化已经势在必行。

领导智慧：

不要总是高高在上地发表评论，没有深入生活的调查，就没有发言权。

129

提出问题，而不是简单地下命令

当生产难题摆在大家面前的时候，是不是简单地下道命令让大家去解决就完事了呢？过去的经验已证明了它不是这么回事。提出问题可能比下命令更易使人接受。并且，它常常激发你所问的那个人的积极性。如果人们参与了下达一个命令的决策过程，他们就有可能接受这个命令。

南非约翰内斯堡有一个专门生产精度机床零件的小制造厂。有一次总公司老板伊安·麦克唐纳有机会接受一笔很大的订货，但是他深知自己无法满足预定的交货日期。车间的工作是早已计划好的，这批订货所需要交货的时间太短，以至在他看来接受这个订单似乎是不可能的。

他并没有为此催促人们加速工作突击生产这批订货，而是把大伙儿召集在一起，向他们解释一下面临的情况，并且告诉他们，如果他们能够近期完成这批订货的话，对于公司和他们将意味着什么。

然后他开始提出问题：

“我们还有什么别的办法处理这批订货呢？”

“谁能想出其他的生产办法来完成这笔订货？”

“有没有办法调整我们的工作时间或人力配备，以便有助于突击这批活儿？”

雇员们七嘴八舌提出许多想法，于是这批订货被接受了，而且近期交了货。

领导智慧：

提出问题可能比下命令更易使人接受。

130

官僚主义害死人

雷·克罗克——这个麦当劳快餐店创始人有个习惯，不喜欢坐在办公室办公，大部分工作时间都用在“走动管理”上，即到所有各公司、部门走走、看看、听听、问问。

麦当劳公司曾有一段时间面临严重亏损的危机。克罗克用他的“走动管理”发现了一个重要原因，就是公司各职能部门的经理有严重的官僚主义，习惯躺在舒适的椅背上指手画脚，把许多宝贵的时间耗费在抽烟和闲聊上。

克罗克发布命令：将所有经理的椅子靠背锯掉，并立即照办。

很多人私下里骂老板是个疯子。不久，当大家纷纷走出办公室，深入基层，开展“走动管理”时，发现管理当中存在着许多问题。于是，管理者们及时了解情况，现场解决问题，终于使公司扭亏为赢。

领导智慧：

任何时候都不要脱离群众。

131

平易近人者，人皆近之

一个人想成就大事就要善于凝聚人心，让与之相关的人心甘情愿地帮助和追随自己。而凝聚人心最有效的方法就是做到平易近人。

有一本介绍“心理技巧”的书，其中讲了在美国田纳西州的州长选举中，兄弟二人双双出马竞选州长的事。哥哥以婴儿的微笑战术来扩大支持者；相对的，弟弟却对于这些漂亮的姿势一概不采用。当他站在讲台上时，边摸着口袋边对听众说着：“你们谁可以给我一支香烟?”

结果是弟弟大胜。

选民们因为政治家的平易近人、能向普通百姓要香烟而对他投以更多的支持。

能够跟大人物这么近乎地打交道，在普通人看来是一件很荣耀的事。领导者有时故意做出某个举动，把自己降到普通人的地位，甚至通过语言的印象让对方感到自己格外受尊重，这是借着立场的逆转挑起对方的虚荣心。

人往往有一种逆反心理，越是强硬的命令，越是不愿意服从。然而，同样是上司的命令，如果用“拜托”这句话来置换彼此的身份，人的逆反心理便会减少，常常不会感觉出这是命令。

总之，在工作场所，为了有效地调动部属，让他们帮你成就大事，你要尽量将领导工作中的指挥、命令行为降低格调。不要在下属面前总是板着老板的面孔，要经常听取他们的建议。这也是领导者低调做人和平易近人的表现。

领导智慧：

人往往有一种逆反心理，越是强硬的命令，越是不愿意服从。然而，同样是上司的命令，如果用“拜托”这句话来置换彼此的身份，人的逆反心理便会减少，常常不会感觉出这是命令。

132

同下属共享荣誉

著名的美国橄榄球教练保罗·贝尔，在谈到他的队伍如何能够取得一个又一个的胜利时说道："如果有什么事办糟了，那一定是我做的；如果有什么不尽人意的事，那是我们一起做的；如果有什么事做得很好，那么一定是球员做的。这就是使球员为你赢得比赛的所有秘诀。"

在企业中，领导者也需要有这种与员工共享荣誉的精神和敢于为下属承担责任的勇气。领导者被授权经营管理，无论是出现差错，还是遭到失败，都负有不可推卸的责任。即使员工失误了，领导者也有失职、指挥不当、培训不够的责任。荣誉对你当之无愧，但是通向荣誉的路途是离不开团队的协作、配合的。所以，与下属共享荣誉是一个成功的领导者所应该做的。

共享荣誉，也就是说，领导者在获得各种荣誉之后，如果不"贪污"，以各种形式让下属分享荣誉及荣誉带来的喜悦，会使下属得到实现自身价值和受到领导器重的满足，这种满足在以后的工作中会释放出更多的能量，也在无形之中冲淡了人们普遍存在的对受表彰者的嫉妒心理。

例如，不少主管在拿到上级的奖金后，请做出贡献的中层干部、骨干员工到饭店去"撮"一顿，实际上就是在共享荣誉，这是物质的，更是精神的。

领导智慧：

一个贪官贪污的不仅是指金钱，有时是荣誉——本该是集体的荣誉。比较而言，荣誉上的贪污，往往后果更加严重。

133

既不能权力旁落，也不可大权独揽

汉朝建立后，汉高祖刘邦分析自己得天下的原因时说："运筹于帷幄之中，决胜于千里之外，我不如张良；治理国家，安抚百姓，调集军饷，使运输军粮的道路畅通无阻，我不如萧何；统率百万大军，战必胜，攻必取，我不如韩信。此三者皆人杰也，我能用之，这就是我能得天下的原因。而项羽只有一个谋士范增，却不能信任他，不能重用他，把他气跑了，这就是项羽失天下的原因。"

可见，领导者只有发现人才，对其进行权力的分配，使他们各司其职，各尽其责，才能成就事业。相反，不能识才任能，不信任、不重用人才并束缚其手脚，势必严重影响事业的成败，可见权力分配是事业成功的关键。

成功的权力分配，要求领导者既不能大权旁落，无所用心，又不能全权独揽，事必躬亲。那么如何才能不走这两个极端呢？那就是走集权与分权的"中庸之道"。当然领导者在进行权力分配时，一定不能拘泥于定规，僵化固守传统，要善于灵活运用各种原则，善于创造性地运用各种分配方法与技巧。

这就要求领导者有狮子般的威力与狐狸样的智慧，大处着眼雄心万丈，小处落脚心如毫发。让下属不敢欺、不忍欺、不能欺，如此，才是成就大事的根本。

领导智慧：

领导者要有狮子般的威力与狐狸样的智慧，大处着眼雄心万丈，小处落脚心如毫发。

134

留个缝儿，不要把事情做得太满了

一位著名企业家在做报告，一位听众问：“你在事业上取得了巨大的成功，请问，对你来说，最重要的是什么？”

企业家没有直接回答，他拿起粉笔在黑板上画了一个圈，只是并没有画满，留下一个缺口。他反问道：“这是什么？”

“零？”“圈？”“未完成的事业？”“成功？”台下的听众七嘴八舌地答道。

他对这些回答未置可否。“其实，这只是一个未画完整的句号。你们问我为什么会取得辉煌的业绩，道理很简单，我不会把事情做得很圆满，就像画个句号，一定要留个缺口，让我的下属去填满它。”

目前中国很多企业的老总都是第一代创业者。这些人就好比是当年的马上皇帝，自认为是文武全才，在各个方面都争强好胜，结果造成了拒人千里之外的局面。

可靠的属下往往不是招聘来的，而是培养出来的。没有机会锻炼，一个再好的人才也只能去纸上谈兵。即使谈得再好，在实战的时候，也会像赵括一样一败涂地。所以这个时候，留下一个“缺口”让属下去完善就显得异常必要。

领导智慧：

可靠的属下往往不是招聘来的，而是培养出来的。没有机会锻炼，一个再好的人才也只能去纸上谈兵。

135

笼络人心不在钱

人不单单需要物质，有时还需要精神，这就是人与动物的区别。所以从古到今，凡大政治家或事业上的成功者无不把精神奖励当做激励属下的重要手段，相应的也就产生了奖牌、奖状之类的有别于物质的东西，如蒋介石的“中正剑”，其价值并不在其剑本身，而是其剑给人带来的荣誉。于是乎，有多少将官为了那把不值钱的剑无辜地丧失了生命。

唐肃宗曾问功臣李泌：“将来天下平定，你打算要什么封赏？”

李泌说：“只要能枕在陛下的大腿上睡一觉就心满意足了。”肃宗听后大笑。后来，肃宗驾临保定，李泌像往常一样，为肃宗打点好行宫，因久等肃宗不到，就先躺在自己的床上睡着了，等他醒来睁眼一看，自己居然枕在肃宗的大腿上。李泌大吃一惊，连忙跪地谢罪，肃宗搀住李泌笑问道：“现在爱卿的愿望已经实现了，天下何时才得平定？”原来，肃宗到来时，见李泌正在酣睡，就悄悄爬上床，把李泌的头轻轻放在自己的大腿上。

肃宗以一条大腿付出片刻之劳，令功臣感激涕零，效生死之劳，那简直太值得了。

领导智慧：

金钱只能解决最根本的生存问题，要想真正地笼络人心，就要以情感人。

136

不要重用告密者

“告密者”看准了上司需要人在公司内充当他的耳目，把办公室里的小道消息或情报传达给他，让他更了解公司内部人事的实际情况。于是他便选择了这条途径，来取得上司的信任。

这类下属一般的特性是喜欢四处刺探同事之间的秘密，连一句闲言碎语也不放过。因为这便是他向上司汇报的材料。

他们这样做的最大目的，是要在上司心目中建立起忠心耿耿的形象。说他们甘当上司的鹰犬也不为过。

据说，的确有些主管喜欢有这类下属在机构内充当“探子”，借此知道职员对公司、对自己的态度。他们相信，这种情报对本身更好地管理下属有一定帮助。

即使告密型下属能充分博取上司的欢心和信任，若上司是一名精明能干的人，他断不会考虑提拔告密型下属成为自己的接班人。因为这类告密型下属在办事能力方面肯定不会太突出，所以才走捷径，做探子，博取上司的青睐。

如果主管贸然地把告密型下属升上自己的位置，除了引起公司内职员的反感外，也显示出这名上司的天真无能。试问，一个全公司的职员都提防甚至讨厌的人，怎能当一名令人信服的好主管？

领导智慧：

即使告密型下属能充分博取上司的欢心和信任，若上司是一名精明能干的人，他断不会考虑提拔告密型下属成为自己的接班人。

137

盯住西瓜，不计芝麻

作为一个好的领导者，就应该具有水一样的性格。要充分认识到人人都会有缺点、错误，对下级不能求全责备。古语说：“水至冷则无鱼，人至察则无徒。”

中国自古以来的成功帝王，从汉高祖刘邦，经唐太宗李世民，到当皇帝达60年以上的清朝康熙与乾隆，他们都有一个共同的特点，那就是“大事管紧”，“小事放开”，该管的不怕管死，不该管的装聋作哑。比如，汉高祖刘邦就有句口头禅：“大事莫碰我，小事莫问我。”

奉行“盯住西瓜，不计芝麻”的人看似不够精明，或精明得不够彻底，其实，这样的人比谁都聪明，比谁都心里更明白。因此，作为领导，对待下属不能求全责备。用其所长，容其所短。俗话说：“金无足赤，人无完人。”“完人”在实际上是不存在的。

领导智慧：

作为一个好的领导者，就应该具有水一样的性格。

138

有良好的制度，才有良好的结局

有10个老头要开个酒会，相约每个人带一壶酒来，都倒在酒桶里，然后拿勺子舀到碗里喝。一个老头想，我带一壶水去，混在里面谁也不知道。结果大家都这样想，10个老头带了10壶水，喝酒时一点酒味都没有。大家互相埋怨，可都知道自己也没带酒，说别人没底气，酒会不欢而散。

过了几天，这10个老头又商量开酒会，为避免出现上次那种情况，规定每人带的酒不倒在酒桶里混着喝，而是先喝一个人的，喝完了再喝一个人的，最后谁的酒好喝就评谁为酒仙。这次酒会很成功，大家都把自己窖藏好酒拿了出来，越喝越高兴，尽兴而归。

看，老头还是这些老头，然而，制度的改变解决了问题，这就是制度的力量。

领导智慧：

同样一件事情，在不同的规则下，结果会完全不同。

139

与其使权，不如用威

社会发展到今天，尤其在我们社会主义制度下的中国，想当个好主管，并大权在握，绝不能像旧社会那样，一味靠挥动手中权力的大棒了。而要以人为本，调动广大员工的积极性，这只能靠威信和沟通。

威信比权力更重要。放弃权力的使用，把精力放在建立威信上，也许效果会更好一些。聪明的领导人很少会像中国封建社会那些专制的皇帝一样，随心所欲，世间万物为己一人所驱使，更不会像旧社会封建官僚那样做权力的奴隶，信奉权力至上。他们往往是在务实的工作中，通过一点一滴，通过自己能力的施展，通过自己良好的道德风范，逐步建立自己的威信的。

有了威信，大家才能信服你，你的计划才能得到迅速的实施。这时，你具备了无形的感召力，你所作的决定，会得到大家的一致拥护，大家会齐心协力按你的决定去做，大家信任你。你的决定所取得的良好效果，会得到大家的一致称赞，你的威信也得到了进一步提高。这样，就形成了一种良性循环。

领导智慧：

有了威信，大家才能信服你，你的计划才能得到迅速的实施。

140

用友不如用敌

很多管理者都习惯于对自己的错误采取宽容的态度，今天出的问题，第二天就忘记了，根本没有引起警惕和重视。然而，对于员工犯的错误，管理者却总是念念不忘，甚至于在想起某个员工时，首先浮现脑海的就是他曾经犯过什么错误，尽管那件错误已经过去很久。

春秋战国时期的齐桓公，就是一个敢用、善用得罪过自己的人才的贤君。齐国发生内乱，齐国各公子争夺君位，其中最有竞争力的就是公子纠和公子小白。当时，管仲是公子纠手下的头号谋士，不仅多次出谋划策想要杀害公子小白，还曾经亲手用箭射他，差点儿把他一箭射死。后来，公子小白成为齐国的君主，并率领齐国打败了支持公子纠的鲁国，要求鲁国杀死公子纠，交出管仲。

消息传出来后，大家都十分同情管仲，有人甚至建议他自尽，以免受齐桓公的折磨。管仲笑笑说："如果小白要杀我，我早就和主君一起死了。"于是，很坦然地被押送回了齐国。

结果是齐桓公不但没有杀管仲，而且还让他做了宰相。同时，管仲也为齐桓公成为春秋五霸立下了汗马功劳。

管理者要善于区别对待员工过去的错误和现在的表现，任用员工时要不翻旧账、不计前嫌。否则，找遍整个世界也找不着可用之才——试问谁的过去是没有犯过错误的呢？

领导智慧：

管理者要善于区别对待员工过去的错误和现在的表现，任用员工时要不翻旧账、不计前嫌。

141

不要让人知道你是在笼络人心

当你将功劳让给下属时，切勿要求下属报恩，也不要摆出威风凛凛的架势。因为下属可能会感到自尊心受损，甚至因此闹别扭，采取反抗的行动，如此反而得不偿失。

你应该心甘情愿地把功劳让给属下，并且对其表达感谢之意。换言之，你该换个角度想，由于你身在一个可以使你“施恩”的公司，并且拥有值得你“相让”的下属，你才能尝到满足的滋味，这一切都是值得珍视的。如果你能持有这种心态，相信你所得到的喜悦将是不可限量的。

把功劳让给下属，不过是小恩小惠，但就是这滴水之恩，却可以令下属以涌泉相报。即使仅有一次受惠经验的下属，也必定会将此恩惠牢记在心，在公司出问题时即可发挥作用，而在平时下属也会体谅上司。在如此充满和谐气氛的公司，下属与上司绝不会发生摩擦。

领导智慧：

把功劳让给下属，不过是小恩小惠，但就是这滴水之恩，却可以令下属以涌泉相报。

142

不乱开空头支票

乱开空头支票，用文雅一点的话来说，就叫“轻诺寡信”，即很轻易答应别人的要求，实际上却无法做到。

从理论上来说，“轻诺”必然是“寡信”的。身为领导，手中当然握有一定的权力，但谁的权力也不是至高无上的。领导本身也受着种种制约，很多事情都不是一个人能说了算的。

轻易对别人许诺，说明你根本就没考虑所办的事情可能遇到的种种困难。困难一来，你就只会干瞪眼，给人留下“不守信用”的印象，许诺越多，问题就越多。所以“轻诺”对于领导是不可取的。

领导首先要避免的是随心所欲，不乱开空头支票。

古人说：“事之难易，不在大小，务知其时。”在表态时，就要讲究火候分寸问题。既要掌握“时机”，又要讲究“分寸”。

领导智慧：

从理论上来说，“轻诺”必然是“寡信”的。

143

告诉受罚下属，没有人故意难为他

下属如果犯了不可原谅的错误，理应受到惩罚。下属对这样的处罚，思想难免一时转不过弯来，需要领导私下里与他谈一谈，交换一下意见。

所谓交换意见，并非是让你对受处罚的下属唠唠叨叨一大堆，一个劲儿地对他进行教育和说服，而是让对方参与到谈话中去，进行交流。否则，你说了大半天，却没有说到点子上，起不到实际作用，对方也会对你产生反感。

在谈话中，你要让下属逐渐认识到自己受处罚的合理性，并非是有意为难他。这一点很重要。如果对方确有委屈或难言之隐，你应该表示体谅，说一些劝慰的话。

要让员工明白，处罚决定的作出，绝不是专门对人的，只是就事而言。请他不要过于激动，引起不必要的误会。许多雇员认为，他们受到了处罚，他们的人格同时也受到了侮辱。你需要通过交流思想让他们明白，所有的处罚都是为了部门的利益和发展，不是故意去损害某人的感情。

在肯定处罚对象的工作成绩时，你要坦诚善意地提出对方违反了什么纪律，这会给部门工作造成什么样的不良影响，做到循循善诱，切勿简单粗暴。

领导智慧：

要让员工明白，处罚决定的作出，绝不是专门对人的，只是就事而言的，请他不要过于激动，引起不必要的误会。

144

处变不惊，体现出大将风度

伟大的领导者善于控制自己的情感，掌握自己的心境，约束自己的言行。无论受到什么刺激，他们都能保持沉着、冷静，而不产生冲动行为。必要时能节制自己的欲望，忍受身心的苦痛和不幸，克制自己各种消极情绪，表现出高度的耐受性、纪律性、组织性。在待人接物上表现为忍让克己。

有修养的领导，由于自制能力很好，他们在讲话、做事时的行为都表现得稳重有礼，有条不紊。尤其是面对突发事件、复杂环境、尴尬局面，都能保持清醒的头脑，镇定自若，处事不惊，体现出大将风度，做到“快而不乱，忙而不慌”。毛泽东、周恩来、刘少奇、朱德、邓小平等老一辈无产阶级革命家，不论是在炮火连天的战场上，在唇枪舌剑的外交场上，还是成千上万人的会场上，都能做到稳重自如，泰然处之。

领导者的一举一动要做到有礼有节，既不摆架子、指手画脚、目空一切，让人讨厌；又不唯唯诺诺、矫揉造作，让人鄙视。而应当不卑不亢、落落大方、亲切自然、潇洒自信、有礼有节、该行则行、当止而止、该说则说、该笑则笑。否则，就会给人留下不好的印象。

领导智慧：

伟大的领导者善于控制自己的情感，掌握自己的心境，约束自己的言行。

145

发火后，要做好善后工作

领导者的日常发火，不论怎样高明总是要伤人的，只是伤人有轻有重而已。因此，发火伤人以后，需要做及时的善后处理，即进行感情补偿。因为人与人之间，不论地位尊卑，人格是平等的。妥当的善后要选时机，看火候，过早了对方火气正盛，效果不佳；过晚则对方郁积已久的感情不好解开。因而，宜选择对方略为消气、情绪开始回复的时候为佳。

正确的善后，要视不同的对象采用不同的方法。有人性格大大咧咧，是个粗人，领导者发火他也不会往心里去，故善后工作只需三言两语，象征性地表示就能解决问题；有的人心细明理，领导者发火他也能谅解，则不需下大工夫去善后；而有的人死要面子，对领导者向他发火会耿耿于怀，甚至刻骨铭心，则善后工作需要细致而诚恳。对这种人要好言安抚，并在以后寻机通过表扬等方式予以弥补；还有的人量小气盛，则不妨使善后拖延进行，以天长日久见人心的工夫去逐渐感化他。

领导智慧：

领导者的日常发火，不论怎样高明总是要伤人的，只是伤人有轻有重而已。发火后，要做好善后工作。正确的善后，要视不同的对象采用不同的方法。

146

用人不可凭个人一时之喜恶

领导在用人时，只凭个人感觉，凭个人喜好，不察明他的本质，就有可能看不清楚人才的真相。

战国时卫国有一个臣子叫弥子瑕，因为生得俊美而得卫王宠爱。一次，因母亲生了急病，弥子瑕私下驾卫王的马车回家探视，触犯了卫国律法，应受刖刑。卫王不仅没有处罚他，反而赞美弥子瑕有孝心，为了母亲忘记了刖刑！

又一次，弥子瑕与卫王游园，弥子瑕摘下一个桃子吃了一半，觉得味美，遂把剩下的一半送给卫王。卫王非常高兴并赞道："弥子瑕真爱我呀，碰到味道好的桃子，就是只剩下一半也想着献给我。"

后来，弥子瑕年老色衰，因一小事而得罪卫王，卫王便说："弥子瑕曾私驾寡人马车，违犯律法；又拿吃剩下的桃子给我，侮慢寡人。"便免去了弥子瑕的官。

卫王反复无常，喜欢对方时，对方什么都好；厌恶对方时，对方一切都坏。如此用人实是在受个人喜好左右，这样又怎能任用真正的人才呢？

领导智慧：

人是感情动物，所以很多事情都会受情感的支配，如此便容易偏离理性的轨道，做出与事实相违的判断。

147

唯有信赖，才能赢得对方的敬意

太平天国后期，洪秀全因为贪图安逸，将主要政务委托给了翼王石达开处理。然而他又不信任石达开，害怕他篡权夺位，因此派自己的两个哥哥牵制石达开。他的两个哥哥对石达开处处掣肘，使他的许多政令都无法实施。于是，石达开带领自己的部下10万余人，愤然出走，太平天国从此走上了分裂的道路，实力严重削弱。后来石达开兵败大渡河，太平天国内部由于猜疑而导致严重分裂，最终加速了这场历史上规模最大的农民起义的败亡。

每个人都有自己的标准，下属也不例外。当下属用自己的标准判断某件事的时候，作为领导不能立即怀疑其判断的对错。毕竟，自己也是在用自己的标准评判下属！正确的做法是：当下属的标准和你的不一样时，首先要信赖下属。

处在这个竞争激烈的时代，良好的人际关系其实是建立在彼此信任、彼此尊重的基础之上的。如果事事猜疑别人，那么，将很难与下属建立良好的友谊，自己也会变成一个不被信任的领导。信赖对方，才能赢得对方的敬意。信任别人，正是一个人走向成功的开始，尤其在领导岗位的人际往来，信赖是工作顺利的基本条件。

领导智慧：

每个人都有自己的标准，下属也不例外。当下属用自己的标准判断某件事的时候，作为领导不能立即怀疑其判断的对错。

148

"又要马儿跑，又要马儿不吃草"很危险

许多企业管理者认为员工要拿工资就应不停地多干活。所以在实际管理过程中，他们毫不顾忌员工的劳动强度，在固定的时间增加尽可能多的工作量，或者一定的工作量本该几天完成而压缩到一两天完成，不能给予员工充分的休息时间，弃他们身体健康于不顾。同时却又不因为工作强度的增加，进行薪酬的调整，让员工真正感受到了快马加鞭之痛。

管理者追求高利润无可厚非，但员工是人不是机器，况且机器还需要休息与保养呢？员工更加需要管理者对他们人身健康及劳动成果所体现的价值予以充分尊重。

许多企业无法认识到这一点，变换方法，给马加鞭，而不是给马添草。这种"又要马儿跑，又要马儿不吃草"的做法是错误的也是危险的。

领导智慧：

成功学大师卡耐基有一句名言：站在对方的角度思考。然而很多聪明人在金钱面前，却变成了连常识都不懂的傻瓜。

149

奖赏不能搞一步到位

封官是奖赏有功之人的一项常用的手段，但是封官不能一次封得太大。封官不只不能一步到位，而且最好永远不要到位。官做大了，立功进取的意志便懈怠了；一旦官做到了头，不但立功进取的意志消失了，而且还可能滋生野心。从历史上看，那些官职到了头的人，如王莽、曹操、司马昭等人，最后都变成了篡权者。

所以，要给人好处，就要给得“恰到好处”，也就是说：不轻给、不滥给、不吝给！

所谓“不轻给”就是不轻易给对方，总是要让对方为这“好处”吃一些苦头，花一些心力，让他在“付出”之后才“得到”，这样子他才会珍惜这“得来不易”的好处。

如果你因为身上有太多“好处”而随便给人，或想以“好处”来讨别人喜欢，那么不但他不会珍惜这些“好处”，对你也不会有任何感激之心，反而还会嫌少、嫌不够好，甚至一再向你要好处。你如不给或给得不如前次好、不如前次多，对方便要怪你、恨你，比你不给他好处还要怨得深、恨得厉害哩！

领导智慧：

官做大了，立功进取的意志便懈怠了；一旦官做到了头，不但立功进取的意志消失了，而且还可能滋生野心。

150

不执行，再好的规定都是一纸空文

为什么满街的便利店，只有7－Eleven一枝独秀？为什么满街的咖啡店，只有星巴克宾客满座？其实各家店策略基本相同，结果却大大相反，原因便在于执行力不同！权威人士说，一个企业的成功：30%靠策略，40%要靠执行。显然，执行比策略更重要。

我国东北一家企业破产，后来被日资收购。厂里的人都翘首盼望着日方能带来让人耳目一新的管理办法。出人意料的是，日本人来了，什么都没变：制度没变，人员没变，机器没变。日方就一个要求：把先前的制度坚定不移地贯彻下去。结果怎样？不到一年，企业扭亏为盈。日本人的绝招是什么？执行，不折不扣地执行！

你可以不进行模式的创新，只需要像绝大多数企业那样采取尾灯战略，但是，你却不能没有完成任务的能力。而且即使你靠独创的经营模式，拉开了与竞争对手之间的距离，但若执行的力度不够，就一定会被模仿者追上。

规定的生命在于执行。行胜于言，最终也只有结果才能够说明问题。优良的规定，一定是有利于创新的规定，而有了规定，就需要执行，需要严格地执行到位。规定的成败在于我们如何正确地执行，否则再好的规定都不过是一纸空文。

领导智慧：

君子讷于言而敏于行，说得再多再好听，没有行动也于事无补。

151

给爱虚荣者一个头衔

一只狗每遇到生人，总是静静地跑到他们的后面，乘人不备时咬他们。

于是，它的主人在它的颈上挂了一个美丽的铃铛，这样无论它走到哪里，都会引起人们注意。狗对这个铃铛引以为豪，满街走得叮当响。

一只老猎狗对它说：“你为什么这么高兴呢？请相信我，你戴着那个铃，并不是什么功劳的奖章，正好相反，这是一个不光荣的记号，是向所有的人宣布，叫他们避开你这粗野的狗！”

有些人是天生刺头，一天到晚无休止地抗议、找麻烦，如果给他一个头衔，他的虚荣心就会得到满足，从此他就会安静些，再扰人时也会受些限制。

领导智慧：

满足别人的虚荣心，让他们觉得你很重视他们，他们就会与你合作。

152

不痴不聋，不做家翁

几乎所有能干的人，他们的短处都十分突出。尽管人们崇敬做出巨大贡献的人，但这并不能掩盖他们的短处。英国前首相丘吉尔是第二次世界大战的英雄，尤其是二战初期，如一棵独立支撑的大树，给全世界反法西斯的人们带来了力量。然而，如英国元帅蒙哥马利所说："他急躁，偏狭并且多疑——我不知道敢不敢这样说——有时有点妒嫉。"

山高谷深是一个人表现出来的两个方面。一个有进取意志、敢冒风险的人，难免处事不周；一个敢于奋争、不畏权威的人，难免自以为是；一个有魄力、敢于果断行事的人，难免主观武断。如果我们忽视人的优势、长处，而只注重克服劣势、短处，那么，就如让人总看着自己的阴影走路，很可能使其无所适从，甚至因制约而窒息。

我们中国的俗话说，不痴不聋，不做家翁。有的人因长处突出，已经被人们认可，他的短处也就被人们"忽略"；而另一些长处并没有突出出来的人，在他没有得到人们认可的时候，他的短处就容易被看到，甚至成为人们的谈资，成为任用的障碍。这时，领导就要有意去找他的长处，看重他的长处，并能适长而用。自然，这时候看人的角度是重长略短。只要这个人的短处还没有影响到大的方面，就可忽略不计。

领导智慧：

几乎所有能干的人，他们的短处都十分突出。尽管人们崇敬做出巨大贡献的人，但这并不能掩盖他们的短处。

153

不要将猜疑表现于外

猜疑之心犹如蝙蝠，它总是在黑暗中起飞。

猜疑者未必是由于怯懦，却往往是由于缺乏判断力。所以，一个很果敢的人有时也会陷入这种情感。猜疑的根源产生于对事物的缺乏认识，所以多了解情况是解除疑心的有效办法。当你产生了猜疑时，你最好还是有所警惕，但又不要表露于外。这样，当这种猜疑有道理时，你已经预作了准备而不受其害。当这种猜疑无道理时，你又可避免因此而误会了好人。

人尤其要警惕由别人传播来的猜疑，因为这很可能是一根有毒的挑拨之刺。如果可能的话，最好能对你所怀疑的对象开诚布公地谈一谈，以便由此解除或者证实你的猜疑。但是对于那种卑劣的小人，这种方法是不行的。因为他们一旦发现自己正在被怀疑，就可能制造出更多骗局来。

领导智慧：

当你产生了猜疑时，你最好还是有所警惕，但又不要表露于外。

154

不要在情绪低落时做任何决定

当你遇到问题，一时难以决定该怎么做时，不要盲目行动，而应细细地考虑斟酌一番。你应该做的第一件事，就是多搜集一些可以帮助你做决定的实际材料，多参考一些先例。

等到你对那个问题有了充分的了解，对于解决方法也有了一定的把握之后，那你的决定就有说服力了。

决定事情的成败，往往取决于对实际情况的掌握程度，千万不要在准备还不充分时，便急躁不安、草率行事。在许多情况下，如果你能多加考虑，你会发现自己过去的一些做法和见解不适应现在的事情。尤其是当你受到某些打击或是你一时冲动的时候，这种情况下所做的决定往往是错误的。

当一个人在精神上受到刺激、情绪低落或身体有种种不适时，千万不要做草率决定，因为那时你的判断力已不再准确。你应该调整自己的情绪，在充分考虑的前提下，综合各方面的实际情况再做决定，否则你一定会后悔。

如果你觉得确实有些身心不安，最好先去好好地放松放松，比如到郊外去散散步，去花园呼吸新鲜空气或美美地睡上一觉。如果你身体不适，则要抓紧治疗，使自己的身心早日恢复到健康的状态。

当你精神饱满、身体健康时，眼光就能变得锐利，头脑也会清醒，这时在面对问题时，你就能理智地做事，收到理想的效果了。

领导智慧：

决定事情的成败，往往取决于对实际情况的掌握程度，千万不要在准备还不充分时，便急躁不安、草率行事。

155

不要给新人安排重要工作

杜拉克说过：“不要给新来的人安排新的重要工作，因为这样做只是意味着冒险。应把新的重要的工作交给那些你对他们的行为、习惯都了解，已在你的组织中获取了信任的人。把高水平的新来者，首先安排到一个既有职位上。在该职位上，人们对他的期望是一目了然的，他所需要的帮助是容易获得的。”

杜拉克的话有道理。做重要的工作，受望过重，就难以得到帮助了：人们会以看的方式对待他，甚至冷眼相望。一个大学毕业生，在头半年里就获得一个重要的设计工作，因几次通不过方案而失落，竟以自杀结局。这是个教训。

领导智慧：

应把新的重要的工作交给那些你对他们的行为、习惯都了解，已在你的组织中获取了信任的人。

156

晋升太快，不利于人才成长

不论你个人多么有才能，要成为一名高级主管人员，必须具有一定的经验，有协调沟通各类人际关系的熟练技巧，有处理应付各种复杂问题的知识、能力，晋升太快肯定没有这些技巧和能力，因此难免顾此失彼，并不利于本人成长。同时，一般来说，任何被大家视为上级特别厚爱的人，都容易招致大家的嫉妒和不满，甚至心理失衡，这种风气甚至会蔓延到整个组织。不管这种心理失衡正常与否，毕竟会影响大家的士气，应当尽量避免。

因此，晋升职务最好不要越过一个层级，尽量不越级提拔。另一方面要采取一系列过渡措施，让人才有相当程度的曝光，提高人才的威信和知名度。比如指派他完成公司最艰巨的任务，让其展示才能；在公司各种会议上扮演重要的角色，等等。

实际上，领导者也可以在不立即给予晋升的情况下重用人才。同时让人明白，虽然他是很有才能的，然而在这个组织中，任何晋升都必须等待适当的时机。为了不叫人才感到失望，双方可以达成默契，晋升不过是时间早晚的问题，太快了于事无补。

太快了固然会产生不良的影响，太慢了也可能导致失望、人才流失而造成损失。所以，有个过渡阶段更好！要把握住破格提拔的“度”，不可由一个极端走向另一个极端。

领导智慧：

晋升职务最好不要越过一个层级，尽量不要越级提拔。一般来说，任何被大家视为上级特别厚爱的人，都容易招致大家的嫉妒和不满，甚至心理失衡，这种风气甚至会蔓延到整个组织。

157

明大局，识大体

我们都知道明朝的崇祯皇帝，在李自成的农民军打进北京的时候，在现今的景山公园的煤山上上吊自杀，作为一个朝代的结束，崇祯成了人们所不齿的人，但他的另一面却为许多人所不知。他励精图治、勤于朝政，而且朴素、节俭，这在中国历代的皇帝中也不多见。但他的节俭却走向了吝啬一端，并由此而直接葬送了他的政权。

1644 年正月，已经在西安建立政权的李自成，其百万大军攻下平阳和太原。此时明朝政权岌岌可危。这时，崇祯召集吴三桂的父亲吴襄，还有户部、兵部的官员讨论放弃宁远、调吴三桂回京事宜。吴襄说，吴三桂回京大约需要 100 万两白银的军需，而崇祯却舍不得。这样，只好坐困北京。但北京的守军也需要银两，而国库里只有 40 万两，也解决不了燃眉之急，崇祯就骂户部大臣。因情况紧急，大臣们上疏奏请皇上拿出自己的内币，以充粮饷。崇祯还是舍不得，说内币已用尽。左都御使李邦华急了，说社稷已经到了这般地步，皇上还吝惜身外之物，皮之不存，毛将焉附？但崇祯就是不往外拿钱。结果，在李自成打进皇宫后，发现宫里有银子 3700 万两。

一个领导者，尤其是运筹全局、决定群体命运的领导者，在关键时刻，因自身弱点而导致全局的失败，这确实是令人疾首的。清朝将领胡林翼说："为统将者必明大体，知进退缓急机宜；其次知阵法，临敌决胜；又其次勇敢，此大小之分也。"

领导智慧：

因小失大，是为官者大忌。

158

不讲黄色笑话

职场上有那么一些人，爱讲一些黄色笑话，无论是业余时间的餐桌上还是工作时间的办公室里，总是乐此不疲。这种做法与幽默无关，虽然有的时候你可能把女同事逗得喜笑颜开，但她极有可能转过身去对自己说：“天哪，这个家伙真无耻！连这种话都说得出来！”你的形象一定大打折扣。

每个人都有好奇心理，但千万不要做出一些让人鄙夷的傻事来。假如你自以为没人注意到自己正在干什么，或者以为自己是电脑高手，可以将登陆过的网站删得不留痕迹，显然是过高估计了自己的能力，公司也有很多电脑高手，能够非常简单而迅速地查到你用电脑干什么，尤其是在设施完善的大公司，做到这点更是易如反掌。如果你不想留什么把柄，千万不要这样做。

领导智慧：

每个人都有好奇心理，但千万不要做出一些让人鄙夷的傻事来。

159

江山易改，本性难移

“性格”一词源于希腊语，意为印记、雕刻。就是本性雕刻在我们身上的东西，我们能抹掉它吗？这是一个复杂的问题。如果我有一只鹰钩鼻子和一双猫眼睛，我能用面罩把它们隐藏起来，然而对于自然赋予我们的性格，我们能隐藏得更好吗？

有一个天生性格暴躁、行为凶暴的人去晋见法国国王弗朗索瓦一世，诉说一件不公正的事。国王的表情，大臣们的恭敬举止，以及此人所处的位置，在他身上产生了强有力的效应：他不自觉地低下眼睛，粗糙的声音变得温和了，他谦卑地说出了自己的要求。人们会相信他天生就像大臣们一样文雅（至少在这个时刻）。在大臣中间，他甚至感到手足无措；可是如果弗朗索瓦一世善于观察表情，那么就会很容易地从他虽然低下却燃烧着隐蔽的火花的眼睛里，从他肌肉紧绷的脸上，从他紧闭的嘴唇上发现，这人不像他被迫伪装的那样温和。

后来，此人跟国王去了帕维亚，和国王一起被俘，一起被带到马德里囚禁起来；弗朗索瓦一世的威严再也不能对他施加任何的影响了，因为他和他尊敬的对象混得很熟。一天，他给国王脱马靴，让国王很不舒服，由于不幸而变得性情乖僻的国王发怒了，于是，这个人把国王送上了西天，把他的靴子扔到了窗外。

识别人的本性，是每一位领导者的必修课。

领导智慧：

每个人的本性是很难改变的，不要被外表所迷惑。

160

只有认真倾听，对方才会向你坦露心迹

英国维多利亚女王时期，政治家迪斯雷利在文学方面才华横溢，著有多部小说，得到各界女性的青睐。关于他的魅力流传着这样一个笑话：

有几个女人聚在一起议论当下的政治家。其中一个问道："如果迪斯雷利和他的政敌格拉德斯通同时向你求婚，你会作何选择？"

在座的人都毫不犹豫地表示会选择迪斯雷利，而只有一个人表示要选择格拉德斯通。

"为什么？"

她回答："与格拉德斯通结婚，然后让迪斯雷利做我的情人。"

迪斯雷利很清楚自己对女性的魅力，并在自己的政治生涯中充分利用了这一优势。他之所以能够成为出色的政治家并稳坐宰相之位，就是因为有了上流富层遗孀们的鼎力相助及维多利亚女王的充分信任。而迪斯雷利征服女人的秘诀就是：认真倾听。

如果你能做到认真倾听，对方便会向你坦露心迹。

掌握别人内心世界的第一步就是认真倾听。在陈述自己的主张和说服对方之前，先让对方畅所欲言并认真聆听是解决问题的捷径。

《语言的突破》的作者戴尔·卡耐基曾从另一个角度说过："当对方尚未言尽时，你说什么都无济于事。"这就是说在对方尚未达到畅所欲言的状态时，对任何劝说都不会作出反应。

领导智慧：

掌握别人内心世界的第一步就是认真倾听。在陈述自己的主张和说服对方之前，先让对方畅所欲言并认真聆听是解决问题的捷径。

161

让鸟自己飞进鸟笼

有所选择的人很难相信自己受到操控或欺瞒。简单点说，如果你可以让鸟自己飞进鸟笼，它会啼叫得更动听。

但是这种选择你要做得很像——很像是他自己做出来的，而不是你在诱导他。这是基辛格最爱用的伎俩。在担任尼克松总统的国务卿时，基辛格认为自己的资讯比上司充足，他认为自己在绝大多数情况下可以做出最佳决策。但是，如果他自作主张制定政策，就会冒犯甚至惹恼这位以缺乏安全感而闻名的总统。

因此，针对每一件需要作出的决策，基辛格会提出三四项选择，但是在表现形式上，他所偏好的，却不是他真正说的那一个方案。一次又一次，尼克松都上钩了，他从不怀疑自己会受到基辛格的操控。

对付缺乏安全感的上司，粉饰选择不失为一条绝妙的策略。

但是想做得天衣无缝，真的有点难。

领导智慧：

如果你可以让鸟自己飞进鸟笼，它会啼叫得更动听。

162
叫下属既爱又怕

松下幸之助主张主帅温和，副手严厉，可以互补。这话确有道理，但有一个浅显的道理：下级对上级总得有点怕，既喜欢，又害怕。就是说，不只是制度上的严格，还有人对人的严格。平时可以很随便，很亲热，但工作上却绝不让你有一点松动。领导者需要建立这样一种人格，只因为你在领导岗位上。

周恩来的形象绝不是严厉的，但工作中的周恩来却全然是另外一个样子。他的秘书程华说："总理工作很严格认真，对部长们也不客气。因此国务院各部的部长们也都有点怕他，不敢随随便便的，马马虎虎的。比如有时对某个部的工作不满意，或有什么问题，他就让我们去把那个部长找来，当着我们秘书的面，总理就对那位部长不客气地说：'你看一看，这文件搞得什么嘛。'并把文件摔给他，'这就是你们弄的文件，难道还要我来给你们当秘书吗?'这就够份量了。第二回哪个部长还敢，谁也不敢再马虎了。这样的事不止一次。"

领导智慧：

下级对上级总得有点怕，既喜欢，又害怕。就是说，不只是制度上的严格，还有人对人的严格。平时可以很随便，很亲热，但工作上却绝不让你有一点松动。

163

不要在下属面前流露悲观的情绪

悲观会让人失去信心，失去奋斗的勇气，一个悲观的领导不会有积极的员工。因此，领导不要在下属面前流露悲观的情绪。

一个对公司前途悲观失望、缺乏热情的主管，是不会成为下属学习的榜样的，下属的悲剧总是领导一手造成的。自然界同样有这样的例子，德国动物学家霍斯特研究过，鲦鱼因个体弱小而常常群居，并以强健者为自然首领。将一只稍强的鲦鱼脑后控制行为的部分割除后，此鱼便失去自制力，行动也发生紊乱，但其他鲦鱼却仍像从前一样盲目追随。下属也一样，他们觉得最没劲的事是跟随了一个没劲的上司。要想改变自己的形象，你必须永远乐观向上，对工作充满热情。

如果你控制不住脾气，或者长期陷入沮丧的状态，那么你永远也控制不了别人。实际上，你永远也得不到下级的忠诚和尊敬。

不要在自己的下属面前流露悲观的情绪，否则他们不但不会以你为榜样，反而会看不起你。

领导智慧：

不要在自己的下属面前流露悲观的情绪，否则他们不但不会以你为榜样，反而会看不起你。

164

权力越大，越不能随意发号施令

一只山羊爬上一农家的高屋顶，屋下有一只狼走过。山羊以为自己居高位，野狼奈何不得它，便破口大骂："你这傻瓜，笨狼。"狼于是停下来说："你这胆小鬼，骂我的并非是你，而是你现在所站的位置。"

的确，有不少管理者并非靠"影响力"，而是靠权力来管理下属。最好的证据是：当他将退休时，即可发现下属一反常态，不再听其指示了。当他尚有权力时，经常可以听到下属阿谀献媚的话，一旦即将离去，再也无人对他百般讨好了。

有一些新上任的主管者，尤其是那些升迁快速的主管，难免会自命不凡而盛气凌人。其实，你的升官很可能只是由于运气好，或者按顺序轮到你，然而，你本人却以为是自己的才能及努力所赐，因而，难免产生一种狂妄自大的心理。

管理者手中有权，用权力说话，别人听也得听，不听也得听，所以用权是最省力、最简便的管理方式。但问题也会随之而来，如果下属口服心不服，权力的效力在这里会大打折扣。所以，聪明的管理者不会一味以权压人，他在日常的管理中，会有意识地培养个人在权力之外的影响。

领导智慧：

手中权力越大，地位越高的人，越是不会随意地发号施令。

165

多琢磨事，少琢磨人

中国古代社会是个人治社会，社会发展也十分缓慢，所以对于管理来说，管好人比做好事来得重要。

治国理民只要抓住那么几条便可以了，所以说大多数职位谁都可以，没有什么特别的。重要的是人心隔肚皮，难选中自己的一个亲信坐到那个位置上让自己放心。因此中国古代的统治者的大部分精力都放到琢磨人上面去了。

有些人像林妹妹似的，心眼太多了，今天想宝哥哥怎么和我说了一句赌气话呢？明天想宝姑娘怎么又有事没事往宝哥哥跟前凑呢？后天又被史姑娘调笑宝哥哥的一句话吓了一跳，回潇湘馆琢磨得一夜睡不着。其结果尽管聪明绝顶，“心较比干多一窍”，也未能干点事出来，反倒还把人际关系搞得十分紧张。

从管理心理学的角度来说，林黛玉的心理是导致管理失败的消极型心理。一个领导要多琢磨事，少琢磨人，要引导部下多干实事，少搞猜疑。对管理者来说，在人际关系思考方面，不要“心较比干多一窍”，而应该是“心较比干少了几窍”。要充分信任部下，要放手让部下多干正事多干实事。

要做到放手让部下干正事，首要的是领导自己要少对下属犯琢磨，要克服自己的疑忌心理，疑人不用，用人不疑。

领导智慧：

一个领导要多琢磨事，少琢磨人，要引导部下多干实事，少搞猜疑。要充分信任部下，要放手让部下多干正事多干实事。

166

慎用助理

管理职务必须有特殊的目标和职能。一个管理人员必须能够做出可以辨认出来的贡献，必须负有一定的责任。

助理是不能做出贡献的典型。他并不负有任何责任，而且他的职能目标难于确定。他只是一个“助手”，上司认为他应该做什么，他就做什么，或者上司能“接受”些什么，他就做什么。担任这种职务的人容易成为滥用与领导人关系的幕后操纵者，或者成为靠拍马屁向上爬的谄媚者。助理的职位也使得组织败坏，没有什么人知道助理的作用和职权是什么。其他的管理人员一般都会奉承他、利用他，并在适当的时候把他挤走。

我们讨论助理职务的缺陷，并不是说要取消“助理”这一职位。如果高层指派青年管理人员担任这种特别的、细致的职务，也是一种极好的训练。但最好有一定的时间限制，过了这段时间就回到平常的管理职务上去。

领导智慧：

担任这种职务的人容易成为滥用与领导人关系的幕后操纵者，或者成为靠拍马屁向上爬的谄媚者。助理的职位也使得组织败坏，没有什么人知道助理的作用和职权是什么。

167

不能有“离不开的人”

法国前总统戴高乐有一个座右铭：“保持一定的距离！”这也体现在他和顾问、智囊和参谋们的关系上。在他十多年的总统岁月里，他的秘书处、办公厅和私人参谋部等顾问和智囊机构，没有什么人的工作年限能超过两年以上。

他对新上任的办公厅主任总是这样说：“我任用你两年，正如人们不能以参谋部的工作作为自己的终生职业一样，你也不能以办公厅主任作为自己的职业。”这就是戴高乐的规定。这一规定出于两方面原因：一是在他看来，调动是正常的，而固定是不正常的。这是受部队做法的影响，因为军队是流动的，没有始终固定在一个地方的军队。二是他不想让“这些人”变成他“离不开的人”。这表明戴高乐是个主要靠自己的思维和决断生存的领袖，他不容许身边有永远离不开的人。只有调动，才能保持一定的距离，而惟有保持一定的距离，才能保证顾问和参谋的思维和决断具有新鲜感和充满朝气，也就可以杜绝年长日久的顾问和参谋们利用总统和政府的名义营私舞弊。

戴高乐的做法是令人深思和敬佩的。没有距离感，领导决策过分依赖秘书或某几个人，容易使智囊人员干政，进而使这些人假借领导名义，谋一己之私利，最后拉领导干部下水，后果是很危险的。

领导智慧：

调动是正常的，而固定是不正常的。只有调动，才能保持一定的距离，而惟有保持一定的距离，才能保证顾问和参谋的思维和决断具有新鲜感和充满朝气。

168 不做权力的奴隶

有人觉得只要获得了权力就能高高在上地发号施令，从此便可以高枕无忧了。其实权力这种东西，得到了反而会给你带来更多的麻烦。一旦你有了权力，就必须设法巩固，因为太多的人对你所拥有的权力虎视眈眈。

不仅仅是政治领域内的权力不稳定，在任何领域都是如此。在这些领域中，人们往往以为有了权力就可以为所欲为，尽情享受权力带来的一切。人们想像中的大金融家，都住在华丽的别墅里，在豪华的游艇上度长假，拥有数名年轻貌美的情人，只需向忠实的秘书下简单的命令就完事。人们往往将电影明星的生活想像为应接不暇的宴会，接二连三的风流韵事，并对此深信不疑。

但是不要忘记，一旦你拥有了权力，你就要花费大量的时间去经营，不断地巩固它，防备别人从你手上把它夺走。你根本没时间去做自己想做的事。无论是大金融家或大企业家，天天都要忙着工作，大多没有时间度长假，因为他们不能放心地将风险大的问题交给别人处理。著名的电影明星也必须不断克服各种障碍，力求在表演上突破自己，还要经常参加一些无意义的应酬，以保持自己的曝光率。作家则必须埋首于自己的创作，他们往往饱受灵感枯竭的折磨。所有这些工作没有尽头，并不会在傍晚或周末就结束。

不要对权力过度狂热，更大的权力意味着更大的责任，如果处理不好，很可能给你带来更大的麻烦。

领导智慧：

有人觉得只要获得了权力就能高高在上地发号施令，从此便可以高枕无忧了。其实权力这种东西，得到了反而会给你带来更多的麻烦。

169

好名声是一生的资本

名声是一个人做事的资本。在今天这个商业社会里，一个人名声的好坏，往往关系着事业的成败。好的名声，就像是一件质量上乘的商品的牌子一样，让人听起来肃然起敬，从而激起购买的欲望。

所以说，一个人要想办大事，就必须在小事上取得好名声。

“小事上取得好名声，办大事才容易成功。”这不是一句空话，它要求我们在生活中，从一些小事做起。同时也需要我们具有持之以恒的精神，不能够三天打鱼两天晒网，想起来了，认真做事；想不起来，就随便推诿，懒得在这些事上花费心思。这样会把自己搞得一团糟，让别人在背后说：“瞧，这个人，太善变了，令人无法信任。”

那么，此时就算你曾经有较好的声誉也会付诸东流了。

领导智慧：

一个人要想办大事，就必须在小事上取得好名声。好的名声如同黑暗里的一支火炬，引导人们追随的脚步。

170

以法管人，以情感人

管理历来强调恩威并举，宽严兼济。如果没有制度，工作秩序就会混乱不堪，如果忽略历史原因和人的生物属性，过于生硬地遵守制度，夸大其作用，就会增加人的心理压力。从求才的角度来看，就会吓跑人才，或压抑人才，即便是高薪也不一定能留住人才。制度过于严厉，可能会逼得人才反抗或抵制。

美国的钢铁大王卡内基就遇到过这么一件事。有一次，他的一个下属说家乡房屋倒塌了，父母、妻儿都没有安身之处，想请一天假回去安排一下。因为人手紧张，卡内基就以“个人的事再大也是小事，集体的事再小也是大事”的理由拒绝了他。这个下属顶撞说：“不关你的事，当然是小事，可在我眼中是天大的事，我父母、老婆、孩子连住处都没有，我能安心工作吗?”卡内基被这番话震动了，立即向他道了歉并准了假，而且后来又专程去看望了这位下属的家人。当时才23岁的卡内基写道：“这是别人给我在通向老板的道路上上的第一课，也是最刻骨铭心的一课。”

制度的严厉性有助于员工们克服自身的缺点，是企业有序发展的保证。但如果能将情理、制度并重，把握好“情有可原，法不可恕”二者之间的分寸，懂得水至清则无鱼的道理，兼顾到严厉与宽容，不仅能使人们乐于遵守制度，积极工作，而且还能提高管理者自身的管理能力。

领导智慧：

把握好“情有可原，法不可恕”二者之间的分寸，懂得水至清则无鱼的道理，兼顾到严厉与宽容。

171

手别伸得太长

每个人都有自己的既得利益，这些利益大多是由职权或地位而来。即使你是出于公心，只要是你的所言所行超出了自己的权限，必然要招来别人的猜忌。

唐朝的王叔文经常陪太子下棋。有一次下棋时，太子和人议论政事，谈到了宫市的弊端。所谓“宫市”，就是宦官在民间以低价强行购物。太子说：“我正打算向圣上反映此事。”在场的人都称赞太子贤明，只有王叔文没有说话。众人走后，太子留下王叔文，问他为什么不说话。王叔文说：“太子的职责就是侍奉皇上的饮食起居，早晚问安，不宜议论宫外的事。皇上如果疑心太子是在收买人心，如何辩解呢?”太子听了这话后大吃一惊，说：“不是先生指点，我哪能明白这个道理!”

俗话说“不在其位不谋其政”，这是古代人们在凶险的仕途中用以自保的韬略。虽然消极的成分有不少，但也不是没有一定的道理。处高位的人往往喜欢参与，显示自己的权威和才能，似乎自己无所不能。他不知道自己做得多，他人就做得少了；自己的才能太显露了，他人的才能就得不到发挥。做领导的不是要和他人比试才能，而是要让他人发挥才能。所以《尚书》说，对司法方面的事，不要越俎代庖，要让有关的官员去治理。太子与皇上本为父子，王叔文还非常郑重地提醒太子要避嫌，更何况其他的人了？这一招“不谋其政术”，高就高在尊人之位、尊人之言，既留有余地，又守住了自己的本分。

领导智慧：

即使你是出于公心，只要是你的所言所行超出了自己的权限，必然要招来别人的猜忌。

172

避免雇佣消极或悲观的人

在一个组织或家庭中，个性积极的人会做出好事，个性消极的人能造成许多的破坏。就这两种个性的影响程度而言，消极的个性往往会更强。我们都知道，生活在粗鲁人中间的人，身上会发生什么——有时候他也会变得粗鲁。在美国边远地区的部落里，受聘为种植园或矿井经营者的英国人，通过每晚剃须和精心打扮参加晚宴来抵御粗鲁的人的影响。

让一个组织运行平稳，成员必须与领导的想法协调一致。因此，一个非常紧张的人处在领导的位置上，会把每一个员工带入紧张的状态。任何办公室或商店中，当领导处于紧张状态时，你会发现员工也是如此。有时候这种情感模式会扩散到整个组织。一个具有消极性格且不服从指挥的人，会把他的消极传染给同一个组织的其他人，并造成巨大破坏——就像一个烂苹果放在箱子里，会让其他的苹果也迅速腐烂一样。

同样，一个女人哭泣会引起同屋的人一起哭泣，一个人笑会带动其他人一起笑，一个人打哈欠会引发传染性的哈欠。如果你是一个积极的人，要避免结交消极或悲观的人。许多牧师和人事顾问，往往会成为带着问题找他们的人所带来的消极思想的牺牲品——不断听到悲哀和悲伤的故事，最终推翻了他们积极的一面，把他们带进了消极状态。

领导智慧：

一个具有消极性格且不服从指挥的人，会把他的消极传染给同一个组织的其他人，并造成巨大损害。

173

你必须首先那样做

所谓领导，就是让人们尽可能以最好的方式去做应该做的事情。做到这一点所需要的品质首先是榜样。

约翰·阿克兰博士曾这样描述他的一段经历：

当有人向你开枪的时候，你的第一件事就是趴下。于是，当我们遭到射击的时候，我趴下了，我们整个排也都趴下了。我稍稍抬起头，想看看土匪在哪里，这样待了好一会儿，突然有一只手落在我的肩膀上——是我们排的一个中士。他从我身后爬起来说："来，来，长官，一个军官不能总趴在那儿，你得站起来，做出决定，让你的兵和你一起站起来。"若不是他，我真可能会在那儿待很长时间！他表现出了领导的才能，而我没有！

如果你领导一个组织的话，就要以身作则，如果你想要一个团队那样做，你必须首先那样做。让别人做你做不到的事情是没用的。在这方面，如果你有意识地希望你的下属比你更加努力工作，那么，你就不得不玩命干。

领导智慧：

如果你有意识地希望你的下属比你更加努力工作，那么，你就不得不玩命干。

174

背后称赞别人的优点

美国前总统罗斯福有一个副官，名叫布德，他对官场处世曾有过精辟的论述：背后称赞别人的优点，比当面恭维更为有效——这是一种至高的技巧。背后称颂人，是各种恭维的方法中，要算是最使人高兴的、也是最有效果的了。如果有人告诉我们：某某人在我们背后说了许多关于我们的好话，我们会不高兴吗？这种赞美，如果当着我们的面说，反而会使我们感到虚假，或者怀疑他别有用心。为什么间接听来的便觉得悦耳呢？因为那很可能是发自内心的赞语。

德国铁血宰相俾斯麦，为了拉拢一个敌视他的属下，便有计划地对别人赞扬这个属下，他知道那些人听了以后，一定会把他说的话传给那个属下。

当我们目睹一个经常赞扬子女的母亲，是如何创造出一个完满快乐的家庭，一个经常赞扬学生的老师，是如何使一个班集体团结友爱天天向上，一个经常赞扬下属的领导者，是如何把他的公司管理成和谐向上的集体时，我们也许就会由衷地接受和学会人际间充满真诚和善意的赞美。

领导智慧：

背后称颂人，在各种恭维的方法中，要算是最使人高兴的，也是最有效果的了。

175

摒弃“地主情结”

当代的中国企业家，尤其是民营企业，很多人都有一种地主情结，那就是求大求全。过去的地主是有一点钱就买一点地，越买越多，最后成了地主。而现在很多企业是赚一点钱，就扩大一点厂房，再赚就再扩大。结果是麻雀虽小，五脏俱全。

企业五脏俱全，可功能未必齐全。有的企业，明明知道自己不擅长的项目，却硬要自己包办。有的家具企业不甘心油漆商赚大钱，自个儿也上油漆项目；有的制药企业不甘心原料商赚大钱，自个儿种起了药材。术业有专攻，专业化分工是为了更好地保证品质，同时也降低成本。家具商擅长的是做家具，而不是造油漆，制药企业擅长的是制药，而不是种药材。购买油漆或药材，的确要让人家赚钱，但如果自己经营，其损失恐怕比别人赚的还要多。

我们经常听到的“大企业病”，就和盲目求大求全有关。一些不擅长的业务，附在本来就不“强壮”的核心业务上面，结果把核心业务也拖垮了，不得病才怪呢！而且，这种大企业病，也并非大企业特有，有些小企业，因为求大求全，机体运转不灵，照样生病。

领导智慧：

一些不擅长的业务，附在本来就不“强壮”的核心业务上面，结果把核心业务也拖垮了。

176

赏要从严，罚要从宽

铁面无私、赏罚分明，既要十分坚决，又要万分谨慎。功过越大，赏罚越要多方面考虑。赏罚得当可以提高威信，赏罚失度又会降低威信。同时，在一般情况下，赏要从严，罚要从宽，要避免“恩赐观点”和“惩办主义”的倾向。

有一种习惯现象值得注意，那就是常常以动机原谅效果，似乎只要动机好，多大的错误，多大的损失，也可以原谅，只要“教育教育”，提醒以后多注意就完事了。应该说，这种做法，既不利于人，更不利于工作。

汉灵帝末年，华歆、王朗一同乘船逃难。有一个人要搭船，华歆很为难，王朗说：“希望你大度一些，搭搭船有什么不可以？”后来强盗追来，王朗想把搭船的人扔掉。华歆说：“我刚才之所以犹豫，正是因为这个，既然已经接纳了他，他把自己托付给我们，怎么能由于危难而抛弃他呢？”世人以这件事判断华歆和王朗的高下。华歆做事稳重，敢于承担责任，被人称为是正人君子，而王朗反复无常，被人称为小人。

动机和效果必须统一起来，即使动机很好，效果却很坏，当事者也必须承担责任。

领导智慧：

动机和效果必须统一起来，即使动机很好，效果却很坏，当事者也必须承担责任。

177

不要被流言蜚语所左右

展现自己要靠你自己把握机会，在你被点名去陪领导打球时，在你将要被提拔时，你不要因此打退堂鼓，推掉这一可以全面展示你自己的机会。你不要忘了，领导不一定会在正式场合中观察人，在正式场合中，人人都会正襟危坐，而在与领导单独接触的私人氛围中，他们的不同特点就呈现出来了。

要给领导提供了解自己的机会，同时与领导的关系也不要过于亲密，因为那样你就会失去群众基础。你与领导关系密切，那些嫉妒心较强的人，会散布对你不利的流言来攻击你，你以前的"朋友"会因此而疏远你，说你是上层的"关系户"。但是，最终每个人是凭自己的能力与才华说服人的，如果你得到提升，而且胜任那个职位，乌云是遮不住太阳的。我们不能操纵别人的议论，但我们可以使自己的智慧之果尽快成熟。就像但丁所说的"走自己的路，让别人说去吧"。面对事实，任何非议都会不攻自破的。

所以，你要成功，先不要被别人的流言蜚语所左右，只要你不是谄媚之徒，真相最终会还你清白，而其中最关键的还是要先抓住成功的第一阶梯，让权威肯定你，让领导认识你。

领导智慧：

我们不能操纵别人的议论，但我们可以使自己的智慧之果尽快成熟。就像但丁所说的"走自己的路，让别人说去吧"。面对事实，任何非议都会不攻自破的。

178

送给下属超出预期的礼物

一般而言，送礼者经常以社会地位高低为标准来决定礼物的品质，这已成为一种风气。例如，送给上司是昂贵的洋酒，给部下却只是两条国产香烟，其间的差距着实不小。

事实上，礼物的轻重与自己在对方的心目中的地位成正比，因此，在接受礼品时，便难免要自我衡量一番。

所以，身为上司应设法打破送礼的程式，在送礼给下属时不妨大方一点，送给对方超出期望的礼物，必能获得意想不到的回报。同时，如果上下级的差距越大，感觉受重视的程度越高，受到的回报也相应提高。

要知道，赠送超出对方期望的礼物时，不但使对方觉得受到了重视，另一方面也提高了别人对他的评价，而没有什么比别人看重自己更让人高兴的事了。这种提升自我意识的感觉，比金钱更能满足自我的优越感，同时，对送礼者也必心存感激。

领导智慧：

送给对方超出期望的礼物，必能获得意想不到的回报。

179

用其所长，避其所短

明朝吕楠在其《泾野子·内篇》中讲过这样一个故事：一户人家有 5 个儿子，老大老实，老二机灵，老三眼瞎，老四驼背，老五腿瘸。这 5 个孩子，除了老大和老二，其他的都身体不健全。但他们的父亲却很懂得用人之道，扬长避短。他让老实的务农，机灵的经商，眼瞎的按摩，驼背的搓绳，腿瘸的纺线。结果各得其所，全家衣食无忧。

许多领导者常常感叹没有可用的人才，实际上，人才并不缺少，关键是他们不大懂得用人的长短之道。如果他擅长此道，那组织里的人都是可用之才。

实际上，所谓人才，也有其擅长的特定领域，假如把他放在他不熟悉的领域，优势就变成了劣势。正像清代诗人顾嗣协在《杂兴》诗中所写的：“骏马能历险，力田不如牛。坚车能载重，渡河不如舟。舍长以就短，智者难为谋。生材贵适用，慎勿多苛求。”

而对一个企业或组织来说，则要很好地分析员工的性格特征，合理分配工作，用其所长，避其所短。比如，让成就欲较强的员工单独或带头完成具有一定风险和难度的工作，并在其完成时给予及时的肯定和奖励；让依附性较强的员工更多地参与到某个团体中共同工作；让权力欲较强的员工担任一个与之能力相适应的主管。同时要加强员工对企业目标的认同感，只有这样，企业员工和管理者之间才会相得益彰，双方进步得更快。

领导智慧：

世上之人，各有所长，也皆有其短，只要能扬长避短，兼收并蓄，天下都是可用之人。

180

走艰苦奋斗之路

一般来说，事前准备是为决策的执行而做的准备工作。很多时候，充分的准备会为决策执行创造不可缺少的先决条件，因而也是十分重要的一项工作。所以，这就要求我们根据决策执行的需要努力做好它。

有人曾问刘永行有关希望集团成功的诀窍，他说："诀窍没有，捷径倒是有。如果你的前面有一条很宽的河，非常明显，捷径就是游过去。曾有一位企业家说，如果前面有一条河，他会奋不顾身地游过去，游过去他就成功了，游不过去他就壮烈牺牲。他这话有道理，但我的看法有一些不同。我认为我也一定会游过去，但为了成功地游过去，我会做三年的准备。三年前就练，下苦功夫，把身体练得棒棒的。零下二十度可以脱了衣服在寒风中跑，坚持冬泳，熟悉水性。这样游过去就是轻而易举的事了。但如果没有这些准备，就是蛮干。所以我们希望集团的捷径就是走艰苦奋斗之路。我认为这是企业的根本，也是中国企业长盛不衰的必由之路。"

为了成功，我们就应该像刘永行这样，在事前做好准备工作。

领导智慧：

很多时候，充分的准备会为决策执行创造不可缺少的先决条件，因而也是十分重要的一项工作。

181

使功不如使过

西汉末年，更始帝刘玄在一次巡视军营时，一位将军因违反军规，而被推出辕门外准备问斩。许多将士求情赦免，刘玄不准。这时刘玄身边的刘秀说了一句颇富哲理的话："使功不如使过，何不让他将功补过呢？"刘玄深思片刻，即令人松绑。后来，这位将军在作战中果然立了大功。

"使功不如使过"，对有过错的下属进行大胆的使用，常会收到一石三鸟的用人效果：一能使其更加感激领导的尊重和信任；二是能使其痛悔自己的过错；三能使其拼命工作，以便将功补过。而且，实践表明，有过错的人往往比有功劳的人更容易接受困难的工作。使用有过错的人实际上就是对他的一种莫大的激励，可以使其一跃而起，创造出令人瞠目的成绩。同时，对于有过错的人才而言，他们最需要的就是获得重新证明其价值和展示其才华的机会，尤其是当他们因过错而受到社会的歧视与冷落后，这种愿望就更为迫切。因此，领导者一旦给他们提供这样的机会，他们就会迸发出超乎寻常的热情和干劲儿，付出几倍，甚至几十倍的努力去工作，完成常人难以完成的任务。

对于一个领导者来说，放手使用有过错的人才需要一定的勇气和魄力。只要你看准了对方是个人才，你就应该相信对方，他是不会让你失望的，在他们有过错的时候仍放手让他们做。

领导智慧：

实践表明，有过错的人往往比有功劳的人更容易接受困难的工作。

182

别为面子失去“位子”

在这个世界上谋生存、求发展，总要同他人竞争，但竞争不等于处处抢占上风，有时候自贬身价、甘拜下风也不失为高明的生存之道。

能曲能直，能屈能伸，曲是为了直，屈是为了伸。一时不甘于曲则一生难得其直，一时不甘于屈则一生难得其伸。所以，大凡有大成、得善终之人，都是贱卖面子、贵买身子、善曲善屈的人。

想当年韩信甘受胯下之辱，从别人裤裆底下爬过去，就是知伸知屈的功夫修炼到了一定的境界。人在屋檐下，过于爱惜脸皮是毫无意义的。装装样子，做个姿态，甘拜下风，认个错，自己并不损失什么，而结果却是你好我好大家好，一团和气，何乐而不为呢？

一时不甘于曲则一生难得其直，一时不甘于屈则一生难得其伸。

183

不要试图搞垮你的上司

能升任到上司的职位往往都有或多或少的背景，或有某种以你的能力所无法了解的因素。举例来说，也许公司的首脑层中，就有你上司的亲戚，他就是你上司的守护神。

如果你一手策划告发上司的行动失败，届时要办理移交、卷铺盖走人的就是你了。再说，假如你的计划成功了，顺利地逼走了上司，那么，从此以后，你在公司同仁眼中就变成了一位职业杀手，大家都对你敬而远之，没有人敢与你交往，也没有一位上司愿意接纳你。

话说到此，也许你还坚持不应该让那种愚蠢、刻薄的上司安坐其位，或帮助他晋升。也许你刻意想为他制造点麻烦，让他的事业受挫。

你当然可以这样做，但这也是你最差劲的选择。因为就算你顺利地让他受挫，只要他仍保住职位，一定不会放过任何可以向你报复的机会。

古谚说："不要打倒国王，因为你打不倒他。"在公司中也是这样。如果策动逼迫上司离职，结果赶不走上司，反而会危及自身。即使你的计划成功了，新任的上司很快就风闻你"辉煌的历史"，处处对你充满戒心，不敢委以重任，那就得不偿失了。

领导智慧：

让讨厌的上司离开的最好办法，就是让他晋升。最好你亲自帮助他，让他安全地离开。

184
别跟上司称兄弟

如果你的上司性格温和，待人充满温情；如果你的上司非常器重你，经常带你出席各种社交场合，那么，你千万不要得寸进尺，适度的距离对你是有好处的。

也许你发现你正在或可能成为上司的朋友甚至哥们儿，你应当把握好尺度。如果你当着其他人的面与上司称兄道弟，以显示你与上司的特殊关系，那么这种行为是危险的。上司再民主也需要一定的威严。当众与上司称兄道弟只能降低他的威信。于是其他同事也开始对上司的命令不当一回事。当上司发现他的工作越来越难做，并意识到你是他威严的破坏者时，那么，等待你的最低限度是疏远，或者你只能离开。也许他不会表露出来，可是，有一天你发现，你不得不接受调职的命令。

当然，你如果能够同上司交上朋友，这说明你已经得到了上司的充分信任。不过，这种朋友关系的最佳状态，是业务上的朋友和工作上的挚友。如果你能推动提高你的上司在公司中的地位，你就是他最好的朋友。

上司起用你绝不是为了广交朋友，而是让你为他更好地服务。

领导智慧：

在《三国演义·群英会蒋干中计》中，面对蒋干的诱降，周瑜用这样一句话来说明他和孙权的关系："外托君臣之义，内结骨肉之恩，言必听，计必从……"的确，与上级关系如果能做到周瑜这样，也就算是职场中的高手高手高高手了。但有一点你别忘了，那就是周瑜和孙权的哥哥是"一担挑"，人家是家里人，况且周瑜英雄盖世，是当世豪杰，这其中哪一点也不是我们所能比得了的。

185

人品胜于能力

王永庆曾经说过："有才有德者重用，有德无才者量才适用，无才无德者顺其自然，自食其力，有才无德者坚决不用。"

在当今讲究诚信、讲究和谐的社会里，特别能体现人品的价值。试想在一个公司里，有人天天在动歪脑筋挖公司的墙脚，这人能用吗？在一个机关里，有人天天与领导对着干，搞些小动作，破坏团结，这人能用吗？在一个集体里，有人天天当面一套背后一套，这人能相信吗？

微软的总裁比尔·盖茨说："我把人品排在人才所有素质的第一位，超过了智慧、创新、情商、激情等，我认为一个人的人品如果有了问题，这个人就不值得一个公司去考虑雇用他。"

如果用单一的道德标准品评人，分出好人、坏人，并不一定公平和正确。人或诚实或虚伪，一时之间，很难分辨。但随着时日的增长，两者分界逐渐明显，一个人是诚实还是虚伪，其日常的言行举止，总会有所表现。

人品胜于能力，并不是对能力的否定。人品就像一艘船的舵，而能力就是它的马达，马达决定船行的快慢，舵却控制着船行的方向。你只有开足马力，并沿着正确的航线前行，才能更好更快地到达目的地。

领导智慧：

如果人品上有问题，一个人能力越大，他给公司造成的损失就越大。

186
教练式管理

美国心理学家罗森塔尔有一次考察某个学校，随意从每班抽 3 名学生共 18 人写在一张表格上，交给校长，极为认真地说："这 18 名学生经过科学测定智商很高。"同时表示其他的学生智力一般。事过半年，罗森塔尔又来到该校，发现这 18 名学生的确表现超常。其实，这 18 名学生的智力和其他学生相比，并不高出多少，然而试验的结果改变了人们的看法。

"罗森塔尔效应"是通过有效地诱导，使人们达到心理中的期望的一种现象。运用到人事管理中，就是要求领导者对下属要投入感情、希望和特别的诱导，就像体育比赛中的教练一样，使下属得以发挥自身的主动性和创造性，也就是时下最流行的"教练式管理"。

在管理过程中，管理者把下属当作队员看待，使用各种各样的方法鼓舞他们的士气，使他们发挥出超常的能量。如领导在交办某一项任务时，不妨对下属说："我相信你一定能办好"、"我想早点听到你成功的消息"，这样，下属就会朝你期待的方向发展，人才也就在期待之中得以产生。反之亦然，下属也可以暗示上司的管理很成功（这不叫拍马屁），上司在听到这样的话以后，同样也会激发起他的积极性。

领导智慧：

在管理过程中，管理者把下属当作队员看待，使用各种各样的方法鼓舞他们的士气，使他们发挥出超常的能量。

187

指责只限于现在的错误

我们经常发现，领导责备下属不是出自纠正过失的动机，而是由于怨恨。虽然我们常自我告诫，不可因私怨而发怒。开始时，也许的确是想纠正对方，指责一两句就算了。但因为对方的态度不好，可能使你顿时发起脾气。结果原来一两句就完了的事，却越骂越离谱，最后竟连他的态度也一起骂了。这时你已超越了指责的范围。

若下属一再反驳，领导应切记：要说明事实，绝不可走到岔路上。如果说出超越主题的话，那就难免形成双方的争论，而不是领导对下属的指导。你会找理由说明自己是对的，下属也会找出许多理由反驳领导。一旦下属占了上风，那么他就可能在同僚中吹牛：我“击败”了领导！反之，即使你在争论中赢了下属，也只不过使自己更像个莽夫罢了。

指责为的是使人改正现在的错误，更好地创造未来。所以领导在指责下属的时候，只限于指出他现在的问题，而不要否定他的将来。

领导智慧：

领导在指责下属的时候，只限于指出他现在的问题，而不要否定他的将来。

188

不以一时之成败论英雄

德鲁克在《有效的管理者》中指出："倘要所用的人没有短处，其结果只能是一个平凡的组织。所谓'样样皆是'，必然一无是处，才干越高的人，其缺点也往往越明显。有高峰必有深谷，谁也不可能十项全能。与人类现有博大的知识、经验、能力的汇集总和相比，任何伟大的天才都不及格。"这就是说，虽为人才，也不可能完美无缺，样样通，样样行，出现工作上的失误也是难免的。

一位领导者如果仅能见人之短而不能用人之长，从而刻意于挑其短而非着眼于展其长，这样的领导者本身就是一位弱者。这一论述实质上说明了优秀的企业领导者要善于用人之长，而不应责人之短，不能因一失而掩大德，以事情的成败论英雄。领导者应有宽广的胸怀，高远的眼界，要给人以诚恳的、善意的帮助。同时领导者要勇于承担责任，以减轻失误者的精神压力，进而更加放心大胆、热情地工作。人才的作用不能低估，压制和抹杀人才的消极做法更不能轻视。

领导智慧：

倘要所用的人没有短处，其结果只能是一个平凡的组织。

189

不要独占功劳

将部门的成绩划到自己的名下，是很多领导经常犯的毛病。但在现代市场经济中，我们是靠人际关系决胜负的，任何工作绝不可能始终靠一个人来完成，就是小小的协作，你也要由衷地感谢，绝不能抹杀了下属的努力。作为一个魅力领导者，必须牢记这一点。

一个让下属信任追随的领导者既不会独占功劳，也不会把过错推给下属，他们在下属的心里就像一棵可以乘凉的大树，是他们真正可以依靠的靠山。

领导智慧：

一个让下属信任追随的领导者既不会独占功劳，也不会把过错推给下属。

190

首先进行自我批评

有位哲人曾经说过："人们在批判社会的时候，却往往忘记了自己的责任。"同样道理，人们在批评别人时，往往也会忘记自己的责任，而这正是被批评者反感的原因。可能在开始的时候，大家一起制订了计划，可在工作中出现了失误，有些人首先想到的是开脱自己，婉转地说明自己当初曾经表示过反对的意见。这种事后诸葛亮的推诿责任的方式，会使他后面的一系列批评都失去作用，反过来却促使大家都为自己辩护，实际上任何工作都无法进行了。

正直而富有经验的领导者在这种情况下，都是诚恳地先承认自己在计划、决策方面的失误，对自己责任内的过失进行自我批评，从而引导对方进行自我批评，或先自我批评后再批评对方。

领导者应多站在别人的立场上，设身处地地替别人着想。在批评别人时，要考虑对方的实际情况，如能力、环境等对他的过失的影响，以及自己在相同条件下可能达到的水平。首先应该承认自己的不足，以己之短，比彼之长，再去批评，对方就会欣然接受。

领导智慧：

人们在批评别人时，往往会忘记自己的责任，而这正是被批评者反感的原因。

191

小道消息勿信以为真

有时会有一些巧嘴多舌的人，经常跑到你的办公室来，故作神秘地给你透露一些小道消息，你且不要信以为真。因为你不知道这消息里究竟掺了多少水分，更不知道他是出于什么目的来告诉你这些小道消息。

对于这些向你报告小道消息的下属，你也不必有厌恶之意，甚至声色俱厉。假如对方是出于好意，岂不伤了对方的自尊心？你要和颜悦色地感谢对方所传递的信息，但也要善意地提醒对方，请对方把信息的正确性再核实一下，然后再告诉你。你要让对方明白，提供一些确凿的信息会更好一些。

领导智慧：

你要和颜悦色地感谢对方所传递的信息。但也要善意地提醒对方，请对方把信息的正确性再核实一下，然后再告诉你。

192

只用七十分人才

日本松下公司素来珍视人才，却又偏偏尽可能地不用顶尖级的人才，而是“多多益善”中等的、可以打七十分的角色。依松下的眼光，企业用人，固然素质越高越优越好。但是，那些出类拔萃的顶尖人物往往自我感觉过分优越，自负感强烈，不太愿意与人平等沟通、默契合作，还容易抱怨环境影响了自己才能的发挥，计较企业给予的职位、待遇与其才识本领不相称，喜欢动不动就摆谱、“撒娇”、“撂挑子”，以这样的心态来干事业，对企业绝非有利。而七十分的人才，则一般较少“傲”、“娇”两气，他们多数对于待遇、环境容易满足，内心很看重企业的信任和委托，常常有一股子要与顶级人才比试身手、较量高低的念头。因此，他们特别富有竞争激情，乐于团结合作，握成拳头。如果使用得法，用到好处，这些七十分角色同样会发挥出巨大的能量，使企业如虎添翼，活力不竭。

显然，松下的这种“七十分人才”观是极有见地的。它从心理学的角度，从组织行为学的层面，细腻入微地剖解了人才使用的利弊，于理于情，皆说到了点子上。何况，企业用人也不能不精掂细量，讲究投资成本。一味地追慕“百分百”，标榜“高门槛”，脱离了企业经营发展的实际需要而去招揽“最佳、全优”人才，并为此支付昂贵的薪资，其结果难免要搞成大材小用或人才闲置的局面。人非所用，薪资虚掷，这不是一种事实上的浪费资源的赔本买卖吗？

领导智慧：

一味地追慕“百分百”，标榜“高门槛”，脱离了企业经营发展的实际需要而去招揽“最佳、全优”人才，并为此支付昂贵的薪资，其结果难免要搞成大材小用或人才闲置的局面。

193

欲速则不达

元朝末年，许多起义军揭竿而起，但大多数义军首领在打了几场胜仗后就忙着称孤道寡，迫不及待地选妃建都，大封亲族。

比如说，长江中游的陈友谅，先是扶徐寿辉做了皇帝，而后又把徐寿辉杀了自己称王做帝；紧随其后，张士诚、方国珍、明玉珍也都封号称王起来……惟独朱元璋，敏锐地看到自己目前的实力还很弱小，称王只会引来别人的嫉妒与不满，容易受到周围起义军以及元军的双重夹击，实在没有多少好处。于是采用了南山朱升的建议，以“高筑墙，广积粮，缓称王”的策略赢得了各个击破的时间与力量，在众人的眼皮底下暗渡陈仓，最后吞并群雄当上了大明皇帝。

古语云：“欲速则不达。”其实，王者的桂冠谁都想要，因为那是如此的诱惑，以至让许多人趋之若鹜。但若想成为事业的王者，如果眼里只有金子的话，又怎能看见身边的荆棘？

成功者的步伐永远是从最浅的脚印开始的，因为比较弱小，所以还需要成长。在成长的道路上，如果还没有强大到可以擒狼，就不要指望去打虎，不经历风雨怎么见彩虹？少逞一时之勇，待到时机成熟的时候，还怕名利不能双收吗？

领导智慧：

王者的桂冠谁都想要，因为那是如此的诱惑，但若想成为事业的王者，如果眼里只有金子的话，又怎能看见身边的荆棘？

194

不欠任何人情，才能做到真正威严

伟大的人其实都是凡人，都有平庸琐碎的一面，要让人对你保持敬畏，最稳妥的办法就是只让人看到应该看到的。

所以老板绝不会和下属真正打成一片，上级也不会和下级整天称兄道弟。一旦坏了规矩，局面就难以收拾。

一个下属，如果你偶尔给他一个赞许，是对他的莫大鼓励。但是如果你每天和他混在一起，成了酒肉朋友、难兄难弟，他心里就把你看白了。

就像女秘书，当初打错一个字，心里面都惴惴不安，生怕老板不高兴。后来上了床，老板就得看她的脸色了，生怕一不小心，她不高兴。上尊下卑乱了套，老板就不再是老板了。所以凡是和老板有关系的女秘书，工作也就干不长了，要么转正登堂入室，要么给一笔钱打发了事。既已成了心病，不去也不行了。

太过亲近，也就有了人情，你欠我的，我欠你的，纠缠不清。于是你的就成了我的，我的也就成了你的，淡漠了“你我”的概念，不仅敬畏消失，还可能因为没有对等的付出而心生不满。

领导智慧：

一旦坏了规矩，局面就难以收拾。

195

重视“防火者”

有人到某家做客，看见主人家的锅灶上烟囱是直的，旁边又有很多木柴。客人告诉主人，烟囱要改曲，木柴须移去，否则将来可能会有火灾。主人听了没有做任何表示。

不久那人家里果然失火，四周的邻居赶紧跑来帮忙灭火，最后大火被扑灭了。他于是烹羊宰牛，宴请四邻，以酬谢他们灭火的功劳。但并没有请当初建议他将木柴移走、烟囱改曲的人。

有人对他说：“如果当初听了那位先生的话，今天也不用准备筵席，而且没有火灾的损失。现在论功行赏，原先给你建议的人没有被感恩，而灭火的人却是座上客，真是很奇怪的事啊!”那人顿时省悟，赶紧去请当初给予建议的那位先生来吃酒。

在企业管理的范畴中，隐患含义是多方面的，有安全方面、质量方面、制度方面等等。但事实上，世界上只有灭火的英雄而没有防火英雄的原因，就是因为“灭火者”大张旗鼓，轰轰烈烈；“防火者”默默无闻，悄然无息。防火者的目的是从源头从根本避免损失，而灭火者只能从一团焦黑的现场挽回损失。前者是练内功后者是练外功，如果领导只喜欢和重视“灭火英雄”而不重视“防火者”的功劳和作用，那么“火灾”就有可能越来越多，也许会有许多的“灭火英雄”前仆后继地出现。

领导智慧：

如果领导只喜欢和重视“灭火英雄”而不重视“防火者”的功劳和作用，那么“火灾”就有可能越来越多，也许会有许多的“灭火英雄”前仆后继地出现。

196

没有人可以独自成功

14 世纪的欧洲，只有教堂里才有风琴，而且必须派一个人躲在幕后“鼓风”，这样风琴才能发出声音。

有一天，一位音乐家在教堂举行演奏会，一曲既终，观众报以热烈的掌声。音乐家走到后台休息，负责鼓风的人兴高采烈地对音乐家说：“你看，我们的表现不错嘛！”音乐家不屑地说：“你说我们？难道是指你和我？你算老几？”说完他又重新回到台前，准备演奏下一首曲子。但是他按下琴键，却没有任何声音奏出。音乐家焦急地跑回后台，对鼓风的人低声下气地说：“是的，我们真的表现不错。”

一位音乐家没有他人的配合，他便无法完成演出工作。同样，一个天才没有别人的协助，那他只能做个平凡的人。

合力的作用是巨大的。做事情不能一盘散沙，而是要把大家的力气往一处使，这就是成大事者的合力之道，也是赢家手中的秘密武器。

领导智慧：

一个天才没有别人的协助，那他只能做个平凡的人。做事情不能一盘散沙，而是要把大家的力气往一处使，这就是成大事者的合力之道，也是赢家手中的秘密武器。

197

移植的制度大多难以存活

制度是本土生根长出来的，大家都觉得有必要，慢慢就形成了制度。制度不能移植，凡是移植的制度都活不了。

但制度要常常修改。日本人有一个“夕阳日落法”，为什么叫“夕阳日落法”？因为太阳会下山，制度怎么不会改呢？我们定了一个制度以后，要说明本制度以一年为限，期满作用自动消失。

对此，有人会心存疑虑：如果一个制度每年都要变的话，大家会不会有临时性的心态呢？不必担心。如果大家讨论认为不要变，那就不要变了；认为要变，修改一点点就行了。这就叫做动态平衡。

观察开车的人，你会发现虽然公路很直，但是司机的方向盘在动，为了好看吗？并不好看啊！那么，路那么直，司机动什么呢？不动，车子就歪出去了。也就是说，路再直，方向盘还是要动的，动一动，车就笔直了，你要把方向盘握死了不动，车子就歪出去了。

领导智慧：

制度是本土生根长出来的，大家都觉得有必要，慢慢就形成了制度。制度不能移植，凡是移植的制度都活不了。

198

惩罚要“精确制导”

科学的惩罚应该是“烫火炉”。烫火炉是很讲“原则”的，它只烫你碰它的那一部分，而不会烫你的别处，不迁怒，不搞株连。在管理工作中，惩罚犯了错误的员工应实事求是，就事论事，要对事不对人。还有，惩罚要适度，过度惩罚就是“迫害”，不但难以让人心服口服，甚至还会引起反抗。

在实施惩罚之前，可以先与员工讨论具体情况，确定没有误解事实之后，再责备部属的不足之处。在责备中要强调你所期望的行为，同时让员工明白问题在于他不当的行为，而不在他本人。责备的重点在于改变部属不良的行为，而不是羞辱他本人，这往往需要管理者发挥极大的自制力，不论你有多生气，你都不应乱发脾气。

火炉是不讲情面的，谁碰它，就烫谁，一视同仁，对谁都一样，和谁都没有私交，对谁都不讲私人感情，所以它能真正做到对事不对人。当然，人毕竟不是火炉，不可能在感情上和所有人都等距离，不过，作为管理者，要做到公正，就必须做到根据规章制度而不是根据个人感情来行使手中的奖罚大权。

惩罚相对于奖励，民主公开更为重要。如果秘密施惩，惩罚就完全针对个人了。我们惩罚的目的，不仅在于挽救教育犯错误的人，还为了教育其他员工。而惩罚不公开，惩罚就失去了本身的意义和价值。

领导智慧：

惩罚犯了错误的员工应实事求是，就事论事，要对事不对人。

199

人贵在有先见之明

人无远虑，必有近忧。先见之明能帮助我们避开危险，它基于对现实的准确判断。一个人有先见之明，他必定少走弯路少走弯路，自然能够较快成功。

听古代剑术名家的故事，常有“在刀尖三寸前躲开”的描写。对方挥刀砍过来，刀尖快触到自己身体的一霎那，闪身躲开。

可是对方也是高手，来势犹如闪电一般，要躲开不是那么容易。等到对方砍过来才考虑如何躲闪，是来不及的，必须靠条件反射作用，本能地闪开才行。不过，这些要靠长期磨炼才会有灵敏的直觉，在无意识中，对方的一举一动都明了于心，不要等到对方开始行动才想办法应付，不然在真刀真枪的世界是站不住的。

凡事都必须具备深远高明的见识与策略。计谋贵在高人一等，策略贵在远人一着。能看到人们不能看到的，思虑人们不能思虑的，推算人们不能推算的，这才是远谋大略。

先知者先觉，后知者后觉。要想成功，就必须要先知先觉，有先见之明，这样才能使人永远追随在鞍前马后。什么事都能先人一手，先人一着，就能取胜。等他人赶到了，你又向前推进一步，与他拉开了距离。如此下来，你就永远处于领先地位，站在时代前沿，引领时代潮流。

领导智慧：

要想成功，就必须要先知先觉，有先见之明，这样才能使人永远追随在鞍前马后。什么事都能先人一手，先人一着，就能取胜。

200

不要试图让所有人都喜欢你

把事情做好的方法有很多，但首要的一条就是“不要试图把所有的事情都做好”；处理人际关系的准则也有很多，但最重要的一条是“不要试图让所有人都喜欢你”。因为这不可能，也没必要。

不要做滥好人，不要试图去赢得所有人的欣赏。

美国前任国务卿鲍威尔，这样总结他自己的为人处世之道：“你不可能同时得到所有人的喜欢。”如果你希望和每一个人都搞好关系，最后你付出了很多时间去给别人帮忙，不欣赏你的人仍旧不欣赏你。一个人只要做到“有几个很好的朋友，很少有人讨厌你”，你的为人处世就算是很成功了。

有这样一些人，你帮了他十次，只有一次没帮好，他就记你这一次，最后还是得罪了他。世界上确实有不少这样的人，你越是努力和他结交，努力给他帮忙，他越是不把你放在眼里。反之，如果你认真学习工作，在学习上在工作上做出成绩了，又不狂妄自大，自然能赢得别人的敬重。

你做任何事情，来自外界的评价都是两方面的，所以不要只看到杯子有一半是空的，还应该看到它还有一半是满的。对于看不惯你的人，也没有必要因为他而影响到自己的心情。

领导智慧：

你没有必要为改变某一个人对你的看法而去浪费太多的时间，你也没有必要因为别人不欣赏你而耗费太多的精力。你要做的，只是不断地提升自己。

201

人情留一线，日后好见面

大凡下厨房的人都懂得，做菜时先要少放盐，因为味淡还可以补救，味咸则难以“妙手回春”。雕刻技法中有一个原则：眼睛要先刻得小一点，鼻子要先刻得大一些。眼睛小了，可以刻大；鼻子大了，可以刻小。这都是为了在进一步完善时，留有修改的余地。

待人处事，也需要留有余地。客家谚语说得好：“人情留一线，日后好见面。”留有余地，是进退自如，是收放从容，是处世艺术，是人生哲学。不留余地，好比下棋的僵局，即使没有输，也无法再走下去。

确实，留有余地是一种美德，是一种智慧，是一份情怀。建筑楼群，要留有一些空地给绿树、给花草、给阳光、给空气；铺筑路面，每到一定的距离，便要留下“余地”，以免路面发生膨胀；书面“留白”，是给读者留下想像的空间；保护隐私，是给心灵留出一个隐秘的世界；保守批评，是给人留下改过自新的机会；含蓄表扬，是给人留下继续进取的余地。而如何留有余地，使之有空间有时间去思索、去领悟、去创新，则不仅是一种方法，更是一门艺术。

领导智慧：

不留余地，好比下棋的僵局，即使没有输，也无法再走下去。

202

先表扬，后期望

期望是表扬的孪生兄弟，有表扬就必须加上期望。

有些员工的确取得了某些成绩，但经不住表扬，被表扬了就容易“飘飘然”。给予期望，就表明他们做得并不是最好的，还需要继续努力。表扬能够激发员工的斗志和增强他们的信心，在这个时候给予他们期望，树立更高的挑战目标，是最合适不过的。表扬代表阶段成果的总结，而期望则能够为下属指明下一步行动方向。

下属们渴望着上司的表扬，同样也期待着上司的期望。下属或许是由于自己的经验不足，对自己的未来发展多数人其实并不清晰。所以，这就需要管理者们能够给他们期望，给他们指明未来发展的方向，道路清晰了他们才可能奔跑起来。

领导智慧：

表扬代表阶段成果的总结，而期望则能够为下属指明下一步行动方向。

203

到什么地方说什么话

大凡生活中善于观察的人都知道，猫和狗是仇家，见面必掐。其实，阿猫、阿狗们之所以为敌，是因为语言沟通上出了点问题。

比较明显的是：摇尾摆臀是狗族向伙伴示好的举动，而这一套“身体语言”在猫儿们那里却是挑衅的意思；反之，猫儿们在情绪放松表示友好时，喉咙里就会发出“呼噜呼噜”的声音，而这种声音在狗儿们听来就是想打架。结果，阿猫、阿狗们本来都是好意，却是“猴子吃麻花——满拧”。但从小生活在一起的猫狗们就不会发生这样的对立，原因是彼此熟悉对方的行为语言含义。所以，熟悉对方的语言，对进行有效地沟通十分重要。

有一个秀才去买柴，他对卖柴的人说：“荷薪者过来!”卖柴的人听不懂“荷薪者”（担柴的人）三个字，但是听得懂“过来”两个字，于是，把柴担到秀才面前。

秀才问他：“其价如何?”卖柴的人听不太懂这句话，但是听得懂“价”这个字，于是，就告诉秀才价钱。秀才接着说：“外实而内虚，烟多而焰少，请损之（你的木材外表是干的，里头却是湿的，燃烧起来，会浓烟多而火焰小，请减些价钱吧）。”卖柴的人因为听不懂秀才的话，于是，担着柴就走了。

同样，作为一名管理者，平时最好用简单的语言、易懂的言词来传达信息，用听得懂的“语言”与员工沟通。有时过分的修饰反而达不到想要表述的目的。

领导智慧：

作为一名管理者，平时最好用简单的语言、易懂的言词来传达信息，用听得懂的“语言”与员工沟通。有时过分的修饰反而达不到想要表述的目的。

204

可以温和，但绝不软弱

在管理活动中，软与硬的两手是相辅相成、密切联系的。如果有所偏倚，自己便要吃亏。为人不能太软，那样会给人以没用的感觉，都觉得你好欺负，于是就自然而然地会经常受到别人举止、言语、态度的戏弄与伤害。由于人性中有着天然的弱点，人们总多少有点欺善怕恶的毛病。因此，人可以温和，但不可以软弱。

然而我们也不能走到事物的反面，不可以总是态度强硬，好勇斗狠。一个人太强硬，必然使人觉得他头角峥嵘，浑身是刺。

这种强硬积累到一定限度，会导致难以预料的后果，以至于弄得千夫所指，触犯众怒，到时候谁也救不了你。

在平时人们更多的还是要软硬兼施，因为生活是复杂的，人们的心情是多变的，在不同的事情上，人们会采用不同的态度和策略。所以，我们还要表现得灵活一点，针对不同的情况，随机应变，采用多样的方法。涉世不深、初入社会的人，或者过分软弱、过分善良，或者是态度固执、目空一切，因此更有必要了解软硬兼施的效用，学些软硬两手交替使用的谋略与机变。

领导智慧：

由于人性中有着天然的弱点，人们总多少有点欺善怕恶的毛病。因此，人可以温和，但不可以软弱。

205

杀人不过头点地

有些管理者喜欢抓住员工的错误，进行穷追猛打，员工越是认错，他咆哮得越是厉害。他心里是这样想的：“我说的话，你不放在心上，出了事你倒来认错，不行！我要抓住这个机会，对你好好地教训一番，让你知道我的厉害！”或者，“我说你不对，你还不认错，现在认错也晚了！”

这样的谈话进行到最后会是什么结果呢？一种可能：是被骂之人垂头丧气，假若是女性，还可能号啕大哭而去；另一种可能：则是被骂之人忍无可忍，勃然大怒，重新“翻案”，大闹一场而去。“我已经认错了，你还抓住我不放，实在太过分了！在这种领导手下，叫人怎么过得下去？”这时候，挨骂的每一个员工都会这么认为。

性格比较怯懦的人会因此而丧失信心，自尊心强的人则说不定会发起怒来。显然，作为领导这么做是极不明智的。

领导智慧：

中国有句俗话叫“杀人不过头点地”，意思是说事情总该有个度。如果超过了这个度，事情就变了性质。

206

不搞人才“小圈子”

每个人的兴趣、爱好、性格各不相同，不能只凭自己的爱好，以己之见来断定某人是否有用。有的领导往往以感情用事，看到某人的脾气和志趣与己相投，便不再注意这个人的其他方面，就把他当成了人才。这样，往往会出现只有情投意合者才被重用，搞自己的“人才小圈子”，而埋没了真正的人才。

据专家研究分析表明，以自己偏爱、偏恶的标准来识别人才，这种管理者大多心态不正，最根本的原因在于其为人做事没有原则，以感情用事，随心所欲。这样的领导自觉不自觉地以志趣、好恶、脾气相投作为惟一的识才尺度。实际上，这是一种把个人感情置于企业利益乃至国家利益之上的错误做法。从近处来讲，许多与他志趣不投的有才之士，他视而不见，感情上有抵触情绪，其结果是企业人才的流失。从长远看，以个人的好恶识别人才，没有客观标准，没有原则性，在管理上，就会随心所欲地处理问题，管理制度本身就会失去约束性和原则性，在领导者周围就会出现一群投其所好的无能之辈，长此下去，势必会严重影响企业的发展。

总而言之，只有会识人的领导才能用好人才，识人是用人的前提。而领导在识别人才时，必须把个人的感情置之度外，抛开自己的爱好与志趣，以整体利益为重，这才是治国安邦、持家敬业的根本。

领导智慧：

以个人的好恶识别人才，没有客观标准，没有原则性，在管理上，就会随心所欲地处理问题。

207

重视新人的观点

元朝画家何澄，根据刘义庆《世说新语》中记载的故事绘制了一幅《陶母剪发图》。画的意思是说，晋国有一个叫陶侃的贫困青年，有一天，他的朋友陆逵来拜访他，因为没有钱买酒招待他，陶侃的母亲在仓促之间，便把她的头发剪下来去卖钱换酒。

这幅画被他年仅8岁的孩子看到了，便毫不客气地指出了画中矫情悖理之处：陶侃的母亲手上戴着金手镯，却要剪下头发去换取酒食，这是不合情理的。因为金首饰很值钱，完全可以用它去换酒，何必匆匆忙忙把头发剪了去换酒招待客人呢？

作为一个孩子，他考虑的不是《陶母剪发图》所宣扬的魏晋名士风度，而是根据自己对生活、对人事有限的直观认识，去理解画面的意思，所以他的诘问一针见血、切中问题的要害。

在多数企业中，改善工作流程的方案都是由企业管理者来倡议并讨论，进而实施。有的管理者甚至很看不起员工的新创意，他们总是认为自己经历过的事情太多了，总是在强调一种成熟。其实有时候社会新人独特的视角正是久经沙场的老将们所不及的地方，他们所提出的方案可能就是最有效的。也许管理者在很多的时候被利益、利润，被太多美好的东西蒙蔽了双眼，使他们看不见问题的症结所在。

领导智慧：

新人独特的视角，正是久经沙场的老将们所不及的地方，有时候他们所提出的方案可能就是最有效的。

208

善于发现典型

领导者要抓好典型，首先必须善于发现典型。为什么在有的部门和单位，典型明明摆在那里，领导者却看不见、不认识。一个很重要的原因，就是我们有些领导者苛求典型的完美无缺。实际上，任何典型都只能出现在我们社会生活的中间，所以他不可能是尽善尽美的，他在某些方面的短处，并不会影响他成为典型。选拔一个典型，最要紧的是看他的主流和本质怎样，只要主流和本质是好的，代表了时代精神和发展方向，在本单位、本行业属于拔尖的，就要敢于肯定、宣扬和树立他，不要追求尽善尽美，不要怕一些人的闲言碎语。

事物的更替、转化是正常的，典型也不能搞“终身制”。一个好的典型，由于主观努力不够，或客观条件的变化，变得相对地落后了，就应该用新的典型去代替他。

要提倡典型竞争，让典型有对手。有对手才能有比劲、有争劲、有活力；有对手才能见高低，才能让典型看到不足，才能感到有压力，也才能促进大批新的典型不断地脱颖而出。

领导智慧：

事物的更替、转化是正常的，典型也不能搞“终身制”。

209

要因事设人，不因人设事

组建伊始，首先确定这个领导班子的职能是什么，然后，根据它的职能，来设计这一班子的结构。特别从年龄、知识、专业、智能、气质等各个方面，看看都需要一些什么类型的干部，每类干部的比例各占多少，怎样搭配更合理，对主要领导和一般成员分别提出哪些不同的具体标准和要求。结构设计好之后，再按这个要求去选择领导成员，合则用，不合则去。

这样，不仅能做到个体优化，整体也优化，而且能够把目前的“因人设事”转变为“因事设人”，对于革除干部制度的弊端大有益处。

领导智慧：

“因人设事”转变为“因事设人”，对于革除干部制度的弊端大有益处。

210
不要只看病不治病

只看病不治病，只调查，不解决，是一些领导者在检查工作时常犯的毛病。为什么要检查工作？说到底，就是要发现问题，解决问题，推动事业的发展。当然，与发现问题比起来，解决问题是要费力气的，领导者就是要知难而上，努力从解决问题上看本事，见高低。凡是当时能解决的，就要立即解决；当时不能解决的，也要本着为事业负责的精神，创造条件，抓紧做工作，争取尽快解决。

凡是不从实际出发看问题，而是戴着有色眼镜看问题，先入为主，自以为是，就是主观性。片面性就是不能全面地客观地看问题，只知其一，不知其二，只见树木，不见森林。所谓表面性，就是走马观花，蜻蜓点水，知其然不求其所以然。这些都是检查工作的大忌，一定要注意防止和克服。检查工作时，不要带框子，抱成见，而要一切尊重客观事实，具体问题具体分析；好话坏话都要听，缺点成绩都要看；要扎扎实实，了解情况。不要作风浮躁，浅尝辄止。

领导智慧：

为什么要检查工作？说到底，就是要发现问题，解决问题，推动事业的发展。

211

加班只是权宜之计

当你在下班时间看见下属们仍在埋头苦干，你也许会有很大的满足感，认为下属们有干劲，值得嘉奖和鼓励。

偶然一次加班，可以刺激下属的工作效率，但长期的加班，就会打击他们的情绪，此种做法并不值得鼓励。事实上，长期需要下属加班，只能说明人手的不足，加班只属短期权宜之计，不能长期如此。如果你以为下属会稀罕那份加班的额外收入的话，就未免太看轻别人了。

如果稍微留意和了解一下中下层人士的生活，常会发现，大部分人都希望下班以后，就属于私人时间，绝不想将之用于工作上。

下属经常加班，为他们增添了不少问题，除了家庭生活会受到一定的影响外，对工作本身并无好处。由于太晚下班，回家后处理私人事务，往往弄到凌晨时分，延迟了睡觉的时间，造成睡眠不足。睡眠不足，使精神较难集中，以致影响翌日的工作，效率自然下降。

增加人手，比要雇员经常加班更实际，且更能鼓舞下属的士气。

领导智慧：

如果稍微留意和了解一下中下层人士的生活，常会发现，大部分人都希望下班以后，就属于私人时间，绝不想将之用于工作上。

212
有分寸地表态

领导者经常需要表态，这种表态对于下属来说，可能是指示、要求，也可能被认为是对某种事的定论。因此，领导者的表态绝不可随心所欲。表态要有根有据，既不做老好人，又不无谓得罪人。领导者的角色地位决定了领导者必须持重练达，不论讲什么话，表什么态，都不能超越一定的原则限度。

领导者表态，应该在坚持原则的基础上发挥灵活性，这样更易达到事半功倍的效果。

上级有明文规定的事情，领导者就必须按规定表态，没有明文规定的，则应结合实际表态，灵活性是原则性在运用过程中的必要补充。

一般来说领导者在表态之前应做到：必须清楚了解问题的真正含义和问话的真正意图，设法获得足够的思考时间，考虑好是直接表态还是委婉表态，对不值得表态的问题不必表态。表态时，应做到因事、因人而异。对关系复杂、不宜把握的问题，领导者应把握时机，注意场合，适时委婉表态。

古人云："事之难易，不在大小，务在知时。"就是讲火候分寸的问题。所以领导者在表态时应掌握"尺度"，讲究"分寸"，做到语言准确、态度诚恳。

尺度感和分寸感，能够体现领导者的领导艺术水平。表态应讲究尺度、分寸，达到"适度"。适度程度越佳，表态的效果就越好，达到最佳适度就能获得最好效果。领导者与被领导者之间的关系，既有双方情感的交流、情绪的感染，又有双方心理上一定色彩的凝结，只有态度诚恳，领导者的表态才会对下属产生指导、激励作用。

领导智慧：

尺度感和分寸感，能够体现领导者的领导艺术水平。

213

与下属分享成功的愉悦

作为一名中层领导，如果对下属的成就无动于衷，就不要幻想他们会做出高质量的工作。与下属分享成功的愉悦，并且帮助他们感受这种愉悦，不要让他们以为你把出色的工作看作是理所当然的。如果下属完成的工作质量一直都很高，而管理者却从来都不注意，下属们很快就会觉得他们没有必要总是这么卖力，他们不用这么专注地工作，对工作质量可以降低要求。就这样，工作质量以不被人察觉的速度慢慢地下降了。

同时，下属们也可能开始认为上司揽走了所有的功劳。如果中层领导能注意到这些工作并给予表扬，下属们会认为他们的上司也会在高层管理者面前说他们的好话。反之，人们很容易得出这样的结论：上司既然对他们绝口不提工作的出色，自然也就不会向高层管理者反映了。

许多中层领导认为给下属太多的表扬有害无益，他们会因此而沾沾自喜，不求上进。这种想法很有意思，但如果你能用恰当的方式进行表扬，就能证明它的荒谬。汤姆·彼得斯说过："管理者最高级的一项工作是让员工欢欣鼓舞。"作为一个管理者，首先应该做到的是：能够留意下属出色的工作，并加以赞许。

领导智慧：

如果下属完成的工作质量一直都很高，而管理者却从来都不注意，下属们很快就会觉得他们没有必要总是这么卖力。

214

裁员的三种方式

对于每一个私营公司来说，经济不景气或效益不好的时候裁员是免不了的事，不但中国如此，外国也是这样。目的只有一个，就是降低成本。

私营公司的要旨之一，就是最大限度地追逐利润，保证股东的利益。在国外的公司中，有钱的时候，股东眉开眼笑，很是宽松；没有钱的时候，股东立刻翻脸，穷凶极恶，恨不得要吃人。股东要吃人当然只是个比喻，但股东一生气要把公司领导换掉却是真的。为了迎合股东，管理层自然是要裁人。因为裁人是降低成本最快、也是最管用的一种方式。

如果公司非得裁人不可时，需要掌握以下方法：

第一，选择合适的裁人时机。千万不能在还没有找到合适的接替人选时，就将这个人裁掉。贸然裁员，会对工作产生不良影响。

第二，要体面地裁人。就像国内将失业称作“下岗”一样，采用委婉的方法让员工意识到自己是单位不再需要的人了。比如，暗示他自己先提出辞职，这样一来他就会感觉到自己不是被裁掉的，而是自己主动提出辞职的。

第三，借招聘之机裁人。通过另一个单位来接收此人，而他能不能在那个单位长期工作，则由那个单位根据你介绍的情况和他在那个单位试用期里的表现，由那个单位决定他最后的去留。

领导智慧：

裁人是降低成本最快、也是最管用的一种方式。

215

授权但不弃权

尽管从某种角度说，领导者能够授出的权越多越好，但并不是说将所有权都授出去，而自己挂了空衔最好。授权是指一方面对下属职责范围内的工作不大包大揽，不干涉完成任务的具体方法，不强求按自己的模式去办，不越级下达工作任务；另一方面又要确定好大的原则、方针政策和严格控制授权范围。除特殊情况外，一般不准越权、不准“先斩后奏”，更不准“斩而不奏”。通过这种可控性，把领导与被授权者有机地联系在一起，使授权者能够有效地对被授权者实施指挥、监督和检查。

善用人者不恃人。授权但不弃权，就不会过分依赖下属，造成“将能而君难御”反受其乱的局面；授权但不弃权，既能避免“反客为主”，授权成了丢权，也可以防止“反授权”，让下属牵着鼻子走，使上级成为下级的“下级”。

领导智慧：

授权但不弃权，就不会过分依赖下属，造成“将能而君难御”反受其乱的局面。

216

不同年龄的员工，用不同的激励方式

对于公司内部不同的员工，其激励方式也应当有所区别。对于公司自己认为应当培养成企业核心成员的人可以考虑采用职位、股权而非奖金来激励。对于一般层面的员工，适当的收入方面的奖励就可以达到使其努力工作的目的。而且，对于不同年龄的员工来说，也应当采用不同的激励方式。

一个50岁的人来公司应聘时，他不太可能是为了事业而来的，对于这样的员工，用薪酬而非股权才是更合适的激励。而且，对于这一年龄层次的员工来说，稳定性可能是最重要的，因此在其工资构成中，固定工资应当占有较高的比例，而奖金则相对可以少一些。

对于一个大学刚毕业的人来说，提供一个施展其能力的舞台，让其充分发挥作用和潜力以及在职位上提供激励，可能比薪酬方面的激励更为有效。对于这样的人来说，工资的构成中固定工资可以稍低一些，而奖金的比例应当高一些。

领导智慧：

对于不同年龄的员工来说，应当采用不同的激励方式。

217

不要把下属孤立起来

经研究发现，对工作感觉满意的重要因素，就是拥有友好的共事者，这较之工资、机会、保障、挑战等等更为重要。

人们都希望他们的社会需求得到满足，而工作从逻辑上来说，正为他们满足这种需求提供了必要的场所。了解了这一点之后，一个好的管理者就会明白，员工应该有与人相处的机会，有社交活动，并会从别人的陪伴中得到快乐。最低限度，主管也应该在休息时间里为员工创造一些上述的那些交往机会，而不应该把员工孤立起来，将他们置于分隔开来的格子间里，彼此之间一点交往也没有。

大多数上了岁数的人不喜欢周围都是年老之人，大部分女性在某些时候只想和别的男性待在一个工作小组里。如果管理者希望员工组成工作效率高的工作小组，就必须敏感地意识到员工们的不同之处。

领导智慧：

一个好的管理者就会明白，员工应有与人相处的机会，有社交活动，并会从别人的陪伴中得到快乐。

218

让下属直接面对问题

实习医师在初次动手术时，技术若不够纯熟，在一旁指导的资深医师，则常常会情不自禁地加入主刀的工作。此时一旦插手，实习医师便失去提高自己不纯熟技术的机会，同时也会产生自己永远无法独立工作的心理。

要知道，指导下属最有效的方法莫过于让下属直接去面对问题。为了培养下属工作的能力，即使你被认为是个冷漠的人，你仍应站在下属的后面观察，只要对方不会受到重大的伤害，便应将工作交由他们去处理。

若能在平时便采取这种方式指导下属，即使面临类似于“进行手术”这样的重大事情，下属仍可不慌不忙地以自己的能力去处理。

领导智慧：

指导下属最有效的方法莫过于让下属直接去面对问题。

219

先集权，后民主

我们不排除采用民主的方式进行改革，但在一般情况下，这很难成功。因为变革者只能是少数，而在改革真的到来之前，也只有少数人真心拥护改革。

何况，任何改革都要剥夺一些人的利益，阻力会很大。一个企业的改革也是这样，如通用电器、IBM。郭士纳到任不久就取消了管理委员会，而改建了一个“公司执行委员会”。这个委员会不能接受解决问题的委托，不能行使代表权代为业务部门决策，它只能关注跨部门的政策问题。实际上，权力集中到郭士纳一个人手里了。

值得注意的一个规律是：从根本上看，民主是群众自己争取的。但在具体操作上，民主却发生在集权之后。

自然，改革中群众的情绪，是个必须注意的大问题。1979 年末、1980 年初，在东南亚金融危机的冲击下，由于人民对政府缺乏信任，印度尼西亚的苏哈托总统不得不宣布下台。在这期间，他的一位将军说：“如果有 1000 名学生，他们会遭到镇压；如果有 10000 名学生，武装部队会设法控制群众；但是如果学生有 10 万名，武装部队人员会反过来加入学生行列。”

领导智慧：

我们不排除采用民主的方式进行改革，但在一般情况下，这很难成功。因为变革者只能是少数，而在改革真的到来之前，也只有少数人真心拥护改革。

220
做到明奖与暗奖相结合

明奖的好处在于可树立榜样，激发大多数人的上进心。但它也有缺点，由于是大家评奖，碍于彼此之间的面子，于是最后轮流得奖，奖金也成了“大锅饭”。同时，由于当众发奖容易产生嫉妒，为了平息嫉妒，得奖者，就要按惯例请客，有时不但没有多得，反而倒贴，最后使奖金失去了吸引力。

暗奖对其他人不会产生刺激，但可以对受奖人产生激励。没有受奖的人也不会嫉妒，因为谁也不知道是谁得了奖励，得了多少。其实有时候领导在每个人的工资袋里都加了同样的钱，可是每个人都认为只有自己受到了特殊的奖励，结果大家都很努力，争取下个月的奖金。

鉴于明奖和暗奖各有优劣，所以不宜偏执一方，应两者兼用，各取所需。

领导智慧：

鉴于明奖和暗奖各有优劣，所以不宜偏执一方，应两者兼用，各取所需。

221
不做和事佬

许多企业的资深主管，都会提到他们在工作中遇到的同样的一个难题：“我一直被员工拉进去做和事佬，他们要我替他们解决问题。”如果有人建议他们别介入时，他们的反应常常是：“如果员工有问题，其实也是我的问题。因此，我会觉得为了让自己的工作更轻松，干脆帮他们把问题解决掉。”没错，从短期来看，或许这么做是对的，但就长期来看可就不是这样了。你一直居中协调，好像冲突三角形的顶点，最后只会让成员互相对立，不再直接沟通，只靠你做媒介。

小心这种微妙的三角关系，通常大家的目的就是要让你同意他们的看法，借以抵制另一方。手腕高明者可以运用得相当巧妙。这种派系间的斗争不断上演，但是如果身为领导者的你一不小心支持了其中的一方，就等于让他们成为赢家。

在你所属的团队发生内部冲突时，你最好保持中立态度。有时候，你该扮演的角色就好像是“公平的证人”一样，是在旁观但不插手的旁观者，但最后却能成功地处理纷争。否则，在这种状况下很容易被拖下水。

这倒不是说你绝不可以提供意见或做决策去影响某个派系。但问题是，你必须知道，当你身为中间人时，就得问问自己这么做的用意何在。如果你觉得有些阴谋正在酝酿，相信自己的直觉，这个讯号绝不会错。相信内心警讯的领导者就不会偏离正轨。

领导智慧：

在你所属的团队发生内部冲突时，你最好保持中立态度。否则，在这种状况下很容易被拖下水。

222
“小人物”不一定就是“小角色”

作为一个领导或决策者，会做事与会用人是其事业成功的基础。“万丈高楼平地起”，领导者事业的成功依靠广大“小人物”的拥护与支持。因此，你应该尽力去了解你的下属中潜藏着哪些人物，他们各有哪些才能、特长，有什么样的家庭背景、社会关系，他们的同学、朋友都是一些什么人，他们的同学、朋友又有一些什么样的家庭背景和社会关系。不要忽视“小人物”，在他们身上不经意的投入，有可能带来意想不到的连锁反应。

世界是不断变化的，没有一成不变的事情。“小人物”也不会甘于永远充当“小角色”，或许有一天也会变成“大人物”，多一个朋友总比多一个敌人强。当你处在消息闭塞中时，也许会有一个你意想不到的朋友，给你送来一则起死回生的消息，帮你力挽狂澜；当你处在仕途低谷时，也许会有人扶你一把；或者在你的单位进行民主评议的时候，你这个群众关系好的人所得的票数就会比别人多。

所以，作为领导者，一定要记住：把鲜花献给身边的所有人，包括你认为的“小人物”。不要总是时时处处表现出高人一等的样子。要知道，再有能力的人也不可能把所有的事情都办好，再优秀的篮球运动员也不可能一个人赢得整场的比赛。

领导智慧：

把鲜花献给身边的所有人，包括你认为的“小人物”。不要总是时时处处表现出高人一等的样子。

223

除掉“烂苹果”

把一匙酒倒进一桶污水里，得到的是一桶污水；如果把一匙污水倒进一桶酒里，得到的还是一桶污水。这就是管理学上有趣的“酒与污水定律”。

在任何组织里，几乎都存在几个难以管理的人物，他们存在的目的似乎就是为了把事情搞糟。

更糟糕的是，他们像果箱里的烂苹果，如果不及时处理，它会迅速传染，把果箱里其他苹果也腐蚀掉。

“烂苹果”的可怕之处，在于它那惊人的破坏力。一个正直能干的人进入一个混乱的部门可能会被吞没，而一个无能无才者能很快将一个高效的部门变成一盘散沙。组织系统往往是脆弱的，是建立在相互理解、妥协和容忍的基础上的，它很容易被“烂苹果”侵害和毒化。

所以说，组织里一旦出现了“烂苹果”，就一定要把它及时地清除掉，一分钟也不能迟疑。

领导智慧：

组织里一旦出现了“烂苹果”，就一定要把它及时地清除掉，一分钟也不能迟疑。

224

愤怒之下不做决定

《孙子兵法》中说："主不可以怒而兴师，将不可以愠而致战。"发怒等负面的情绪对工作业绩有很大的影响。因为人在发怒的时候，智商基本上是零，如果这个时候做决策、干工作会缺乏效率。

人是感性动物，生活在爱恨情仇的交织中，而人生又是处在不断地选择之中，有些选择或许无关痛痒，有些选择却事关全局；有些失误可以尽力弥补，有些失误却无力回天。因生气而做出错误决定的事，在每个人身上都发生过。如果你没有被那些错误的决定所伤害，那要感到庆幸，但幸运并不一定永远垂青。

作为一名公司管理者，身负公司发展的重任，所以，要时刻保持清醒，保持舒畅的心情，使自己在管理过程中做出明智的决策，创造更高的价值。

每一个人都有自己的情绪，而情绪分为"好情绪"及"坏情绪"。当一个人处于不同的情绪状态时，所做的决定也有很大的差别。所谓的好情绪乃是清楚自己的思绪；而坏情绪不受理性所控制。不同的情绪感受会使个体对同一信息的理解截然不同。

根据心理学家的测算，人在愤怒的时候，智商是最低的。在愤怒的关头，人们会做出非常愚蠢的决定而自以为是。这个时候所做的决定，90%以上都是极端的错误。

领导智慧：

记住：愤怒之下不做决定；执著之下不做决定；担忧之下不做决定；感性之下不做决定。

225

轻易不要说“我要开除你”之类的话

美国有句俗语：“棍与石可伤筋骨。”但这句话只讲对了一半。棍棒与石头是可以打断筋骨没错，却不是惟一的厉害武器——生气时讲出来的话，也可能造成深刻甚至难以弥补的伤害。领导者管理愤怒的原则大多都是灵活有弹性的，然而有少数几个原则却丝毫没有商量的余地。譬如，绝对不可以使用肢体暴力；绝对不可以在生气时用“我要开除你”或“我要辞职”之类的话来威胁对方。

害怕被抛弃是人类最原始的恐惧之一。当我们年纪还很幼小，当我们的生存完全仰赖我们的父母或其他照顾者的时候，我们就开始有这样的恐惧了。因此，一个婴幼儿如果认为自己失去了父母这个靠山，可以想像，他的心里一定是万分脆弱、万分恐惧的。父母如果在盛怒时说了什么话或做了什么事让孩子产生这样的恐惧，这个孩子一定会变得很没有安全感。

因此，不管你生气的对象是你的下属还是你上司，绝对不要在生气的时候说出“大不了不干了”或“我要开除你”，或诸如此类的话。这种话不同于其他的语言，害怕被抛弃是我们大多数人心中极大的恐惧，因此听到这样的威胁肯定会觉得难以承受。即使之后大家相安无事，上司也会时刻提防你，很难再交给你重要的任务，下属也会随时准备离你而去。

领导智慧：

生气时讲出来的话，也可能造成深刻甚至难以弥补的伤害。

226

不要期待下属做得跟自己一样完美

如果主管过于严厉和苛责，下属就会畏首畏尾，组织行为就会趋于僵化。有时候，主管适当地为下属提供一个发挥他们才能的空间，反倒有益于提高组织的工作效率。

这就像学习驾驶一样，教练因为知道学员技术不佳，所以经常忍不住要对学员唠叨，他们认为如果不叮嘱他们几句，怕真的会发生危险。

实际上，如果改变这种教学方法，让学员尽可能随便地驾驶，不要求他们技术多么高超，反倒容易教会。

因为这样一来，学员们不会那么在意开得好不好，让人意外的是他们的驾驶技术也不是原本想像的那么差。学员们驾驶起来不再畏畏缩缩了，而且手脑并用，真正做到了操作自如。

许多驾训班的教练认为学员的操作不够灵活，反应速度慢，那是因为他们总是从自己的立场（熟手的立场）来间接操作（通过学员的头脑与手脚）的缘故。他们对学员的迟钝越是无法忍受，结果越使学员变得更加迟疑不决。

主管对下属也是一样，主管在业务方面已经十分熟练，但下属可能尚处于学习阶段，所以主管千万不要期待下属做得跟自己一样的完美，更不能因为下属的不熟练而苛责，这样会束缚住他们的手脚。

领导智慧：

主管在业务方面已经十分熟练，但下属可能尚处于学习阶段，所以主管千万不要期待下属做得跟自己一样的完美。

227

让谈心成为一种制度

世界著名的企业家大多都对与员工交流这项工作非常重视，并且对此都有一定的规定。摩托罗拉公司在这方面的做法就很独到。在那里，无论中国员工、外国员工还是总经理，都在同一个餐厅用餐。摩托罗拉公司规定，每季度，公司的部门经理都要和他手下的员工进行一次诚恳的交谈。在爱立信，每年每个员工和部门经理有1～2次“个人发展计划”的谈话，部门经理根据员工的个人发展要求和本部门的情况安排员工的培训计划。

戴尔公司总裁迈克尔·戴尔每星期都要和随意选出来的大约25名员工一起吃一次盒饭，向他们强调客户至上的原则，倾听他们的意见和建议。由此可见，企业家有计划地与公司员工进行谈心，这是与员工近距离接触的制度基础。

领导智慧：

没有什么比彼此了解更为重要。

228

先“齐家”，后“治国”

大凡为官者，都是以自身优于其他人的素质登上领导岗位的，这种素质既包括领导他人的能力，也包括德与才以及“齐家”的能力。任何一个方面的欠缺，都不能构成人们所期待的完整的权威形象。

应当看到，与领导相处是个非常复杂的人际互动过程。下级是否乐意接受领导的管理，接受到多大程度，不仅与领导的地位权力有关，也与领导的综合素质能否产生良好的威望有关。如果领导的家庭成员的行为，以及家庭的稳定程度达不到社会对他的期待，那么人们便会认为这主要是领导的责任——连自己的家人都管不好，怎么能领导别人？其御人的能力在下级心目中便会大打折扣。

西方人一般不打听别人的私生活，但他们对政府高官的家庭情况却毫不客气地予以曝光。他们认为各级官员的一切生活琐事都应是透明的，只有这样，民众才能放心地把权力交给他。

《大学》中有句话说：“其家不可教，而能教人者，无之。”意思是说，不善治家的人是做不好领导工作的，这话同样适用于公司和企业中的老板、经理们。因为，家庭生活是否安定直接影响到他的身心健康、工作情绪以及他在下属心目中的形象。

领导智慧：

连自己的家人都管不好，怎么能领导别人？

229

慎做性情中人

作为一名领导者，思想感情不能轻易外露，即有必要保持一定程度的深沉。这对维护领导尊严，有效地管理下属，有着只可意会不可言传的作用。

看过魔术表演吗？魔术师可以变出各种各样令人惊讶的戏法。这些戏法可以很大，比如让一个大象消失，或者把一个漂亮的美女切成两段等等。也可以很小，比如只是玩几张卡片或几个硬币。戏法的大小并不重要，关键是要迷惑观众的眼睛。许多魔术师看起来都很有吸引力，其原因就是因为我们不知道他们到底是如何变出这些戏法的。魔术师从来不会告诉我们他是如何变戏法的，也正是因为这一点，魔术师往往给人以很神秘的感觉。他们也知道一旦告诉你真相，就会减少他们的神秘性。

如果有人知道如何做我们所不能理解的事，那我们就渴望跟随他。无论如何，如果这个人看起来具有一些能够唤起忠诚和激情的特殊能力，那他本人也富有激情。

领导者保持一定程度的深沉，会使下属感觉到在领导者那里一定有着许多正确、高明的策略和方法，是下属们望尘莫及的，从而提高领导者的威信。反过来遇到一点小事，领导者就立竿见影地表现出自己的情绪，会让下属认为你很浅薄，对你的领导能力也一定会缺乏信心。

一般人被视为性情中人，或许会因此而沾沾自喜；领导者若被认为是性情中人，便应深刻检视自己的言行了。

领导智慧：

领导者保持一定程度的深沉，会使下属感觉到在领导者那里一定有着许多正确、高明的策略和方法，是下属们望尘莫及的，从而提高领导者的威信。

230

罚不失恩，严中有爱

宋朝大将曹彬督帅徐州兵马时，手下有个官吏犯了法，按军法应打军棍。但曹彬没有让人马上执行，过了年才旧账重提，如数打了犯法的官吏。有人不解，去问曹彬。曹彬说："我得知他刚娶了媳妇，如果在那时打他，按他们那里的风俗，他的父母一定会认为儿子被打是由于媳妇带来了不吉利，很可能从早到晚地打骂她，使她难以安生，那样，也会影响这个官吏的情绪。所以，才故意缓了一阵子，但是军法也没有因此受到损害。"在场的人听了，都心悦诚服。

古人提倡"虽用法，而能得法外意"。这"法外意"，大概也就包括有罚不失恩、严中有爱的意思吧。曹彬"逾年而杖"生动地体现了这一精神。

我们的管理工作中惩罚不是目的，而只是手段，目的在于使被惩罚者受到教育，决心改过。惩罚手段的运用是问题的关键，运用不好，就可能达不到目的，甚至偏离目的。有人总以为罚和爱是绝对对立的、不可并施的，这是片面的。"逾年而杖"就处理好了恩威并重的关系。

当然，罚不失爱、恩威并重并不是凭想当然就可以做到的。如曹彬，起码做了一些调查和分析的工作：了解到"此人新娶妇"，还了解到当地新郎遇事而"舅姑必以妇为不利"的风俗，进而分析到"若杖之"，该新过门的媳妇势必会吃尽苦头，难以生活下去。缓行其事，既关照他的实际情况，而"法亦未尝屈焉"。这样入情入理，才能得到大家的认可和钦佩。

领导智慧：

我们的管理工作中惩罚不是目的，而只是手段，目的在于使被惩罚者受到教育，决心改过。

231

多听多看，少言慢语

多一点含蓄，则增加一些神秘感。神秘感可以产生好奇心和敬重。戴高乐曾说过："没有神秘感就不可能有威信，因为对一个人太熟悉了就会产生轻蔑之感。一切宗教都有神龛，而任何人在他贴身仆人眼中都不是英雄。"

神秘感离不开冷静，冷静离不开寡言，神秘感要求领导者不要故作姿态，且一举一动都讲究风度。神秘感的沉默蕴藏着意志、决心、智慧和力量。因此，领导者不要参加东拉西扯的研讨会，不进行无原则的争论，不要向下级坦露个人感情。一旦做出经过缜密思考的决定，就要技高一筹，无人敢于、能以反驳。如果领导人该表态时不表态，那不是沉默而是庸碌无能。神秘感是领导素质长期锤炼的结果，我们可以认识它，并一步步接近它。

多听多看，少言慢语，是增强神秘感的上策。一个口若悬河的领导人，被人一览无余，是无神秘感可言的。"遇事虚怀观一是，与人和气察群言。"左顾右盼，权衡利害，内心有主见。别人对你了解越少越好，而你对别人了解越多越好。因而领导人应善于聚精会神地倾听和提问，而尽可能少透露自己的情况和意见，以防被人抓住把柄。

领导智慧：

一个口若悬河的领导人，被人一览无余，是无神秘感可言的。

232

小心过于谦恭者

作为领导者，你的下属中也许存在这样一些人：在你成为他们领导的那一天起，就对你不太服气，他们认为你的能力并不比他们强。对于这样的下属，不能硬碰硬。你应当以平等，甚至尊敬的语气和态度，多与他们进行沟通和交谈。对一些有嫉妒心理的人，你可以把他摆在一个比较高的位置上，自己以低姿态，谦恭地对待他，他也许会在心理上得到一种平衡和满足，消除对你的隔阂。

当然还有这样一种人，你必须时刻防备，他们不会满足于你对他的谦恭态度以及种种称赞，他只是想让你早一天从自己的职位上摔下来，自己取而代之。因此，在与他们交谈中，要掌握分寸，留有一定余地，小心被对方抓住把柄。这种下属通常不动声色，却暗藏杀机，笑里藏刀，且在平时工作中，该干什么就干什么，该说什么话就说什么话，还可能会同你关系打得火热，但这一切只不过是掩盖其不可告人的目的。

所以，与这样的下属在一起时，你办什么事都要小心，小心，再小心。如果你觉得实在惹不起这种人，可以通过适当方法，寻找一个合适的理由，把他调到其他的部门或单位去。

领导智慧：

与过于谦恭的下属在一起时，你办什么事都要小心，小心，再小心。

233

适当地露些锋芒

中国有句老话，叫做“英雄爱英雄，好汉爱好汉”。所谓的“英雄”、“好汉”，指的就是那些有本领、有才能、敢说敢干、有闯劲的人。这样的人因为具有开拓精神，表现突出，所以成为人们爱戴的对象。因为跟这样的人在一起，可以学到很多东西，使自己在不知不觉中增长知识和才干。尽管有时候他们的锋芒会让人感到一种威胁，但是人们还是喜欢这种有个性有能力的人。

而那些老好人们，尽管他们一脸笑，与世无争，颇有“仁”者风范，但却不能得到他人发自内心的尊重。因为他们才不外现，别人根本不知道他们究竟有“几斤几两”。与他们谈论问题，一味的“是、是、是”或“对、对、对”；让他们拿个主张，他们会说“就按你说的办”、“我没意见”、“我听大家的意见”……这样没有一点锋芒的人，又怎能担当大任呢？上级自然不敢重用这样的人。而同级对他也往往出于礼貌，见面点点头，甚至会说一句恭维的话：“经理，真是好人！”但是你可曾想到，在这恭维背后，他真实的想法是什么吗？他会想“这样的人，成不了大气候”、“妇人之仁，不足为虑”。一个被认为无能的人，一个对别人构不成威胁的人，又怎能得到别人的尊重与重视呢？

因此，如果你想与你的同级们长期和睦相处，如果你想得到他们的尊重和友谊，那不妨与他们适当地争一争，露几手绝活让他们看看。相信，当你战胜他们的时候，从他们那里得到的不会是怨恨和打击，而是羡慕和尊敬。这不正是你所追求的吗？

领导智慧：

一个被认为无能的人，一个对别人构不成威胁的人，又怎能得到别人的尊重与重视呢？

234
喜怒不形于色

第二次世界大战就要结束之时，反法西斯同盟的巨头美国总统杜鲁门、英国首相丘吉尔、苏联部长会议主席斯大林齐聚波茨坦进行会谈。

会议进行期间，杜鲁门别有用心地对斯大林说，美国已经研制成功一种新式杀伤性武器，其威力比最先进的导弹还要大许多。他暗示说这种新武器就是原子弹，并且反反复复地重复着原子弹的杀伤威力问题。说完之后，杜鲁门双眼一动不动地盯着斯大林的面部表情，希望从那张沉着如同一潭静水的脸上看出一些变化。但是，杜鲁门失望了。坐在远处的英国首相丘吉尔也在和杜鲁门做着同样的事情，他从另一个角度对斯大林的神态进行了仔细的观察。但结果和杜鲁门完全一样。事后，丘吉尔对杜鲁门说："自始至终我都盯着他的一举一动，但他没有丝毫的变化，好像一直在倾听着你的谈话，仿佛对你们的新型武器早有所知。"本来杜鲁门和丘吉尔打算以此来要挟恐吓斯大林，想在战争结束时多捞取点利益，但见斯大林对此无动于衷，只得作罢。

其实，斯大林当时的神情全是装出来的。对于杜鲁门的暗示他听得明明白白，但他努力控制住自己的情绪。会议结束之后，他马上离开，命令自己的科研人员加紧研制原子弹。不久，苏联也研制成功了自己的原子弹。

领导智慧：

关键时刻，要努力控制住自己的情绪。

235

你可以批评，但不要贬损

人在犯错时，最受不了的是大家对他的群起而攻之，因为这会伤害他的感情。他也许会承认错误，但无法接受这种批评的方式，这将使他对上司、对同事充满敌意，一旦有机会，就可能以牙还牙。

如果你希望自己的批评取得好的效果，就要在攻心上下功夫。一定要记住，你要做的事实际上是一种说服的工作，即打动对方的心，使对方回到正确的航向上，而不是贬低他。即使你的动机是高尚的，是真心诚意的，也要注意场合问题，并要记住，对方的自我感觉也在起作用。当有其他人在场时，哪怕是最温和的方式也很可能引起被批评者的怨恨，因为他已感到他在同事或朋友面前丢了面子。

所以，对于一些过失，最好采取单独面谈的方式，只要他认识到错误，就没有必要当着全办公室的人要他做公开的检讨。只要在你的办公室里，面对面地跟他谈，就足以使他反省了。任何具有上进心的人都不愿犯错，从他个人的角度看也是这样，何况你的目的只是让他改进，而不是贬损他的人格。被批评者也会认识到你完全是为他好，且顾全他的面子，必会对你心存感激，你的批评，他也就能够听得进去了。

领导智慧：

你要做的事实际上是一种说服的工作，即打动对方的心，使对方回到正确的航向上，而不是贬低他。

236 不能“牛不吃草强按头”

领导的任务简单地说，就是找合适的人做合适的事，然后鼓励他们用自己的创意完成手上的工作。领导者要想说服下属，让他们依照你的意思行事，就必须摸清下属的性格，对不同的人采用不同的方法，既不能千篇一律，也不能“牛不吃草强按头”。

身为领导者不能忽视下属的性格问题，只有了解了他们的性格，才能采取正确的对策，以理服人。

三国时期，诸葛亮作为领导，对下属的性格可谓了解得极其透彻，他能针对不同的下属而采取不同的对策，因此能让所有下属都心服口服。

关羽自傲自大，诸葛亮在派他去华容道之前，就利用他的自大、自傲，使其立下军令状。其后，关羽果然如诸葛亮所料，放走了曹操。他也从此对军师诸葛亮更加信服。而张飞，性格鲁莽，脾气暴躁。诸葛亮对这一莽汉则采取激将的办法，往往激得张飞不惜生命南征北战，从而取得胜利。事后，张飞对诸葛亮也是心服口服。孟获有少数民族的特点，淳朴但又勇猛无比，对待这样的人，诸葛亮则采取了攻心战术。七擒七纵，使孟获由衷地佩服诸葛亮，并从此对诸葛亮、对蜀国死心塌地。

作为领导者，面对着有不同秉性的下属，要懂得去了解他们的性格，把不同性格和具有不同特长的下属，放在不同的位置上以充分发挥他们的才能。

领导智慧：

身为领导者不能忽视下属的性格问题，只有了解了他们的性格，才能采取正确的对策，以理服人。

237

切忌打击报复而不择手段

一匹马多年来独享一块肥沃的草地，后来有一只鹿也发现了这块草地。

本来按这匹马的食量，就是活一万年，也吃不完这块地上的草，但它却对鹿的闯入心存不快。

于是，它想借助人的力量征服可恨的鹿。但狡猾的人却说："我抓不到鹿，除非你让我骑着追上它。"马同意了，结果人骑着马追上了鹿。

本来马和鹿的奔跑速度是人远不能及的，但为了报复鹿，马甘受其缚，结果它们都成了人的俘虏。

直到这一刻，马才感到悔恨，但一切已无法改变，最终的赢家，不是跑得最快的马，也不是跑来分一杯羹的鹿，而是有智慧的人。

直到今天，马依然被人带上辔头，为其劳作，马是否反思过自己的错误呢？

明朝末年，李自成率起义军攻入北京，俘虏了吴三桂的女人陈圆圆。吴三桂冲冠一怒为红颜，遂引清兵入关，结果是把李自成赶跑了，同时自己也失去了自由，成了清人的鹰犬。虽然日后有所反复，但也没有洗去千古罪人的骂名。所以说，逞一时之快，为了打击报复而不择手段，终会让自己付出沉重的代价。

记住，遇到麻烦的时候，你要保证解决问题的方法不比问题本身更糟。

领导智慧：

遇到麻烦的时候，你要保证解决问题的方法不比问题本身更糟。

238

多向公司负责，少向下属负责

有一天，你接到老总的通知，你掌管的部门要裁减一名员工，并由你去做他的思想工作。你会感到十分烦恼。因为每一个下属都有其特长，最重要的是你与下属合作愉快，交情也不错，你该怎么办?

身为领导，有义务保护和照顾下属，但作为中层主管，当下属面临被辞退时，请你保持冷静，对事情分析清楚。首先，摒除下属是你的好友这个包袱，一旦有了无形的压力，你一定不够客观。事实上，站在公事公办的立场，是没有人情可讲的。

其次，面对你的下属，坦诚地把整件事的来龙去脉讲一遍，告诉对方，绝无任何隐瞒，否则，难以面对好友。

面对公司老总，你没有必要申辩什么，可以把下属以往的良好纪录和成绩拿出来，提醒老总，这是一个人才，偶尔失误，还是应该给予机会的。何况你若失去这个助手，工作可能会受到影响。

记住，你应向公司负责而不是向下属负责，这与义气无关。老总做出怎样的裁决，都应该遵守，你也应该问心无愧。

要做一名成功的领导，到任何时候都不能怕扮黑脸，否则只会左右为难，处处被动，里外不是人，最终将一事无成。

领导智慧：

要做一名成功的领导，到任何时候都不能怕扮黑脸。

239

首先，控制住自己的情绪

一天，几个人冲进美国第25任总统威廉·麦金莱的办公室，向他提一项抗议。为首的是一个议员，他的脾气很大，开口就用难听的话咒骂总统。而麦金莱却显得异常平静，他知道，现在作任何解释，都会导致更激烈的争吵，这对于坚持自己的决定很不利。他一言不发，默默地听这些人叫嚷，任他们去宣泄自己的怒气，直到这些人都说得筋疲力尽了，他才用温和的口气问："现在你们觉得好些了吗？"

那个议员的脸立刻红了，总统平和而略带讥讽的态度，使他觉得自己好像矮了一截，他仿佛觉得自己粗暴的指责根本站不住脚，而总统可能根本就没错。

后来，麦金莱总统开始向他解释自己为什么要做那项决定，为什么不能更改。这位议员并没完全听懂，但他在心理上已经完全服从总统了。他回去报告交涉结果时，只是说："伙计们，我忘了总统所说的是些什么了，不过他是对的。"

麦金莱总统凭着他的自制力，在心理上打了一个大胜仗。

领导智慧：

唯有先自制，方可制人。

240

慎搞“一朝天子一朝臣”

无论什么时候，领导就是领导，即使你们的关系很不一般，也并不意味着你能把他当成朋友来看待。事实上，想通过与领导做朋友这种“捷径”，获取工作上的便利乃至在公司的提升，是一种不可取的方式。不可否认，与领导增加交流对你的工作会有很大的帮助，但是任何事情都是有尺度的，一旦超越正常的上下级关系，反而会产生不良的后果。

在一个公司中，如果你把精力都用在和领导的周旋上，关系过于亲近，就会被认为是领导的人，被同事看作领导的心腹和安插在他们之中的间谍，自然会引起同事们对你的戒备，以及种种不必要的猜测。即使你“君子坦荡荡”，也总有“小人常戚戚”。

况且，“一朝天子一朝臣”，领导层的变动不可避免地会波及下属的职位变动，新任管理层一般会在人事上来个“大换血”。如果你在别人的印象里是前任领导的人，那么，这时也许你该做好走人的准备了。

领导智慧：

任何事情都是有尺度的，一旦超越正常的上下级关系，反而会产生不良的后果。

241

胡萝卜加大棒

史称朱元璋为“雄猜之主”，既野心勃勃又疑心重重。他当上皇帝后，打天下时那种虚心纳贤、任人惟贤的作风全抛到脑后，朝思暮想的是维护他的绝对尊严和家天下。为此，他以各种手段排除异己、残杀功臣。

李善长在随朱元璋征战中，以多谋善断著称。开国初，在组织制定法规制度、宗庙礼仪期间，与朱元璋关系如鱼水一般，朱元璋将李善长比为汉初的萧何，称他为“功臣之首”，任命他为开国后的首任丞相。朱元璋江山坐稳后，对李善长的态度大变，过去被朱元璋称赞为“处事果断”，现在则说他“独断专行”；过去朱元璋特许李善长对疑难大事先处理后上奏，称赞他为“为朕分忧”，现在则说他“目无皇上”。朱元璋对李善长功高权大，产生了疑忌之心。但考虑到李善长功高望重，轻举妄动恐生不测之变，于是就采用又打又拉、伺机清除的伎俩。

深知朱元璋为人的李善长察觉到皇上对他的猜忌，一连几天都称患病没有上朝，并给朱元璋上了个奏章，一来对不能上朝议政表示歉意，二来提出致仕（退休），察看朱元璋对自己的态度。按惯例朱元璋应下旨慰问、挽留。但是，他来个顺水推舟，随即批准了李善长退休的请求，毫不费力地把李善长赶下了相位。

朱元璋削夺了李善长的相权，免除了对自己的威胁。但不少人心中暗骂他寡情毒辣。为了笼络人心，安抚李善长，朱元璋把自己的女儿临安公主下嫁给李善长的儿子李祺为妻，朱李两家又成了姻戚。

领导智慧：

任何一位成功的领导，都应该懂得“胡萝卜加大棒”的哲学道理。

242

要么根除，要么安抚，二者必选其一

三国时，袁绍谋士许攸截获曹操的情报，建议袁绍夜袭许都，可擒曹操。这本是上上之策，袁绍却怀疑许攸与曹操有旧，为曹之奸细，令其留头待罚。许攸无可奈何之下，投奔曹操，献上奇计，曹操夜袭乌巢，焚烧其粮草辎重，袁军大乱，曹军乘胜追击，大获全胜。官渡之战，乃用人的关键时刻，袁绍对怀疑对象既不安抚，又不根除，采用放逐待惩的办法，实乃逼良为娼，反为其害。

如果想惩罚而不遭报复，应做到：

一是惩罚之前，先造声势，使人们认为他是罪有应得，起码不能使人们同情惩罚对象。

二是查证问题稳、准、狠，定成铁案，永远不能翻烧饼，起码不能让其回头咬人。

对于无心改正错误的人，或怀疑位高权重的人物，要么根除，要么安抚，二者必选其一，如果仅仅是轻微的惩戒，被报复的可能性几乎百分之百。

领导智慧：

如果仅仅是轻微的惩戒，被报复的可能性几乎百分之百。

243

警惕下属的“中国式”不满

在中国企业里，员工会服从命令，同时他们也会用一种“中国式”的方式拒绝命令。他们可以通过不违反规定，甚至一字不差地遵守规定而达到这种效果。

有一家公司，员工不多。在公司聘请办公室经理之前，员工们在办公室常规工作之外享受着某种自由——可以自由安排工作时间在全城兜揽生意、寻找推销机会，或在咖啡馆跟客户或同事喝杯咖啡。

可是不久，公司聘用了一位办公室经理，他担心员工不在办公室工作，于是出台了一个新政策——除非得到他的批准，员工不得外出，大家必须待在办公桌前。

几个月后他离职了。原因是他要求公司的员工翻译一些简单的文件，两个星期过后翻译工作还没有做完。他对工作延误的情况进行了多方调查，原来员工们需要一本英汉字典，而办公室里没有，所以没有完成——谁也不能离开办公室——按照规定要求，没有得到批准谁都不准离开办公室去买字典。

员工们通过严格遵守规定，从而提出了沉默但是有效的抗议。这个例子表明他们是在“遵守规定”，但更重要的是他们在利用这个机会表达自己的不满。

在西方企业中，员工对这种限制性的做法会明确表示自己的不满，而在中国，员工们通常选用很“中国式”的做法来解决这个问题。

领导智慧：

在西方企业中，员工对这种限制性的做法会明确表示自己的不满，而在中国，员工们通常选用很“中国式”的做法来解决这个问题。

244

男女搭配，干活不累

俗话说“男女搭配，干活不累”。青春期的年轻男女尤其需要异性同事，只要与异性一起做事，或在同一办公室工作，彼此做事就分外起劲。这种情形并不是恋爱似的情感，或者寻觅结婚对象，而是在同一办公室中，如果掺杂异性在内，彼此情感在不知不觉中就会融合许多。

很多职业人士都认为办公室内若有异性存在，就可缓解紧张，调节情绪。像这种男女混合编制，不但能提高工作效率，也可成为人际关系的润滑剂，对矛盾产生缓冲作用。

但男女混合编制也不尽然十全十美。在众多男性中只掺杂一位女性，或者在许多女性中只有一位男性，这也许比全无异性要好。那位惟一的异性，因缺少同性交流的对象容易忧郁寡欢，日久可能会崩溃，或者有异化的趋势。

工作上不可能有男女混合编制时，应经常举办娱乐活动或男女交谊团体活动，增加男女交谊机会，同样可以取得“干活不累”的效果。

领导智慧：

男女混合编制，不但能提高工作效率，也可成为人际关系的润滑剂。

245

制定一套科学有效的选人方法

在西方企业里，对于人员的招聘和选拔，都需要心理学家的参与。例如，一家工业企业要测验一位候选人的领导能力，心理学家设计了一个任务，在一间工作室里，要求候选人将一堆尺寸不同、形状各异的木块，在10分钟内，拼装成一个两米见方的立方体。这时恰好旁边正好有两位工人，也可以叫他们一起帮忙。实际上，这两位工人不是恰好路过，而是心理学家专门派去制造麻烦的人，他们绝对尽职，但是常常帮倒忙，有时还很粗心，也会有抱怨情绪，说一些难听的话。

心理学家在一旁观察，必要时对候选人从事的这项简单的工作给予消极的评价，使他心理上受到挫折。从这一系列活动中，可以观察到候选人的操作能力、组织协调能力、心理耐受力和应付挫折能力。结果候选人以各种不同的方式来处理上述情况：有的自己动手拼装，让别人走开；有的成了独裁者，对工人指手划脚；还有的干脆放弃了领导角色，去听从工人的指挥。多数人在这种简单而又紧张的活动中失去了自控。

这些真实的一面，我们在一般的情景中是看不到的，而等他们在以后的工作中表现出来时，就会给企业造成损失。所以，一套科学有效的选人方法是至关重要的。

领导智慧：

选择人才，要用表格和数据说话。

246

转移抱怨者的注意力

领导者在日常管理中，难免会遇到不满意和充满抱怨的下属，此时，正确的做法不应该是压制，强行让下属服从；也不应该是漠视，不管下属有多少怨气，采取听之任之的态度。比较适当的做法是：动动脑筋，采取一定的方法进行疏导，转移下属的注意力。这样，就能够避免长期积怨，而导致在预料不到的时候突然爆发，给工作造成损失，彼此造成伤害。

一家公司的老板今年想少发一点花红，可是却担心员工闹情绪。

于是，他就暗地里放出风声，说公司今年的效益不好，怕发不出工资来，甚至有可能裁员。这下子，人心惶惶，员工非但不再指望发多少年终花红，只担心自己被裁了。

结果，到了年底，老板不但没有裁员，反而说："亏损由我吃下，员工福利不可少！"并发了原本预定的较少数额的花红。这时，员工无不感激涕零，觉得真幸运，遇上了个体谅下属的好老板。

领导智慧：

不满意和充满抱怨的下属，要采取一定的方法进行疏导，转移下属的注意力。这样，就能够避免长期积怨。

247

面对下属间的纠纷，先把事情冷冻起来

作为领导，在调解下属间的纠纷时，一定要公正，不偏不倚，一碗水要端平，要学会“和稀泥”，当个“好好先生”。没有必要去追查事情的来龙去脉，有些事情很可能是“公说公有理，婆说婆有理”，你所要做的只是把事情冻结，告诉双方“一切到此为止”。同时你还必须指出问题的所在，例如某人的态度要改善，某人应该事事以公事为重。

要是两个下属因公事发生了矛盾，告状告到你跟前，最好将两人分开接见，避免两人当面争吵，使事情更加激化。单独接见时，让对方平心静气地将事情始末叙述一番，但不要加任何评论，应该把重点放在淡化事件上。

矛盾双方所讲的必然有出入，因此，你需要有明辨是非的能力。一旦分出了黑白，你最好心中有数，不要公开指出谁是谁非，以免进一步影响两人的关系。你可以明确告诉发生矛盾的双方，你已经了解了事件的真相，仅此而已，而且告诫两人必须为了公司的利益，精诚合作。如果事情属私事，但是两人在公事上采取不合作的态度，这会对工作造成不良影响，所以你不能袖手旁观。把两人同时找来，明确地告诉他们，你不知道也不打算知道他们之间的恩怨，但你的工作作风是要所有员工通力合作，不容有误，所以，希望他们清楚这点，千万不要因私废公。

对一些原则性问题必须明察秋毫，马虎不得，一是一，二是二，一些小问题就让它得过且过。这样才算处理得当。

领导智慧：

在处理下属之间矛盾时，不要公开指出谁是谁非，不要加任何评论，应该把重点放在淡化事件上。

248

组建自己的班底

俗话说：“一个篱笆三个桩，一个好汉三个帮。”在企业中，一个光杆司令是打不了天下的。身为领导者要想顺利打开工作局面，实现自己的目标，就必须强化自己的势力，也就是培植“自己人”——心腹和亲信，组建自己的班底。

培植心腹的主要手段就是选用、安插和提拔。选，就是选用哪些人做为自己成就功业的左右手；安插，就是把自己的密友、亲信、关系、铁哥们儿安排在要害部门，使这一座山头犹如铁板一块，水泼不进针插不进，形成以自己为中心的私人势力范围；提拔，就是提升亲信的职位，安排给他更重要的权力，进行笼络、拉拢，使之为自己效忠。

什么样的人才可以做心腹呢？当然是靠得住的人，无条件的支持者和追随者以及足以担当重任的骨干人才。当然，心腹首先需要的是忠诚，绝对的忠诚。这种忠诚绝对不是不经思考的“领导让干啥就干啥”式的愚忠，而是忠实地执行领导的意图，当领导的某些言行出现问题时，他们又会义不容辞地以适当的方式向领导进谏。

领导者培植心腹，可以从新进公司的员工入手。想有所作为的新人，也需要靠站队、靠团体来实现自己在这个公司的利益。所以，加上他们很强的可塑性最容易成为被培植的对象。领导可通过对职业前景的描述、承诺和兑现若干实际利益，使新人死心塌地地成为自己势力范围内的一员。

领导智慧：

什么样的人才可以做心腹呢？当然是靠得住的人，无条件的支持者和追随者以及足以担当重任的骨干人才。

249

慎用不拘小节之人

有位公司老板在招聘员工时，别出心裁，他让面试者在市中心随意游览，自己则暗中观察。凡是闯红灯的人，即使硬件符合招聘要求，他也让其出局。他说：“交通行为是一面镜子，这面镜子映照出一个人的素质。通过这面镜子就可以看出一个人素质的高低。小事不在乎，有无监督两个样，这种人不能用。”

接着这位老板又解释说：“认为闯红灯这种行为是‘不拘小节’的人，他们自以为这是精明，是灵活处事，其实大错而特错。因为不认真遵守规章制度的行为，往往会导致一个人形成对任何事都无所谓的不良心态。没有车辆，没有警察监督他敢闯红灯，那么同理，老板不在的时候，他就敢于闯工作的‘红色警戒线’。这也是为什么我用过马路这件小事来测试应聘者的原因，其目的就是以小见大，看他们是否具有自律、自制这种优秀的品质。”

如果过马路时，没车或没有警察监督就敢闯红灯，那么老板不在时，他们就会“忙里偷闲”、迟到、怠工，在上班时间做与工作不相干的事。可见，外在的硬性约束不是最有效的行为规范。

最严格的行为标准是一个人的内在标准，这种标准是自己设定的，不具有外附性。它才是最有效的行为准则。如果你对自己的工作标准，比老板对你的要求还高，那么你就能做到老板在与不在一样干。这是对工作负责，也是对自己内在素质的展示。

领导智慧：

不认真遵守规章制度的行为，往往会导致一个人形成对任何事都无所谓的不良心态。

250
“功过相抵”要慎行

我们常常听到这样的话“功过相抵”。其实这是一种不正确的做法，也是任何一个企业管理所不能允许的。在企业运作过程中，把员工所做出的成绩和他所犯的错误相互抵消，这是把员工的风险强加给企业，对其他员工是非常不公平的。而对该员工来说，功过相抵的结果就是既无功，也无过，既是对他以往所做出成绩的否定，也是对他所犯错误的纵容。

功是对好的行为的一种褒奖，所以必须通过树立这样或那样的典型来告诉企业内部所有的员工，都必须按照这种思维方式去做事情。

过是对不好的行为的一种鞭策，一种处罚，目的是告诉企业员工：这是企业所不允许的。员工在日常操作中的行为准则就是不能越雷池半步，否则就要为此付出代价，因为企业可能为你的这种过错而遭受更大的损失。

功与过本身是难以衡量的。强行将其相抵，那背后一定是“人情”的作用。企业运作如果太多地考虑“人情”因素的话，我们就很难看到这种企业的未来。企业因为这样或那样的事件就无法产生典型，也无法倡导一种做法。

功与过相抵的结果，往往导致企业内部人情泛滥，缺乏“赏罚分明”的措施，使得企业内部充满不稳定的因素。人们可能会因为某件事情受到奖赏，但是，当有错误的时候，却不能及时受到惩罚。那么，还有多少人会在乎什么惩罚措施，企业内犯错误的几率就会大增。

领导智慧：

功与过相抵的结果，往往导致企业内部人情泛滥，缺乏“赏罚分明”的措施，使得企业内部充满不稳定的因素。

251

什么场合讲什么话

看饭下菜，就是看听者的品格高低而言真伪。面对昏庸，讲话未必认真。殷纣王荒淫无道，箕子谏而不从便装糊涂，最后飘然而去。而比干则知其不可而谏之，结果因愚忠而丧身。所以，箕子高明而比干次之。

秦二世登基后听说天下大乱，群雄并起，便问众臣是否有人造反。多数人说了实话，并劝二世改过，只有孙叔通说无人造反，仅有几个盗贼而已。二世听了十分高兴。孙叔通讲过就溜了，他已看到秦二世的统治没了希望，讲真话也听不进去了，不如说几句悦耳之言。后人评价孙叔通是阿谀之臣，司马迁则认为孙叔通是“量主而进”，即度量君主的品德而进言。

岳飞就不懂得这个道理，他要“迎二圣”，即宋高宗之前两个被掳去的皇帝。二圣回归，宋高宗还怎么当皇帝？宋高宗对这个口号非常不满，便以“莫须有”的罪名将岳飞杀害。岳飞属于忠而不智，忠而越职。

领导人不仅应该知道在什么场合讲什么话，而且还应当知道在什么场合保持沉默或顾左右而言他。沉默可以使领导人保持涵养，倾听诉说而不讲错话。对于自己不懂、不感兴趣、不愿意回答的议题，也可以换个内容交谈。

领导智慧：

领导人不仅应该知道在什么场合讲什么话，而且还应当知道在什么场合保持沉默或顾左右而言他。

252

配备“避马瘟”式人物

两千多年前，一些养马人在马厩中养猴，以“辟恶，消百病”，养在马厩中的猴子就是“避马瘟”。马是站着消化和睡觉的，只有在体力不支或生病时才卧倒休息。而猴子在马厩中一刻也不安宁，马便会经常站立而不卧倒，这样，便提高了马对血吸虫病的抵抗能力。

西方管理学者说：“由于马蝇的存在，马匹变得更勤快了。”马蝇之功率与中国的“避马瘟”有异曲同工之妙。

某种程度上，企业组织类似于马群。而那些个性鲜明、我行我素，同时又是能力超强、充满质疑和变革精神的员工，就是企业中的“马蝇”或“避马瘟”。在一些组织中，他们被叫做“问题员工”，甚至上了“黑名单”，因为他们难于管理。实际上在一个经济组织中，也应该配备“避马瘟”式的人物，以增强员工的活力，避免疲惫和懈怠，进而增进整个组织的活力。

领导智慧：

由于马蝇的存在，马匹变得更勤快了。

253

关心下属，更要关心家属

有的领导往往只顾关心爱护员工本人，而对其身边的关键人物提及甚少，这不能不说是一种缺憾。关怀下属身边的人，是驾驭下属的一项重要艺术。

马歇尔巡察欧洲战场时，曾去探望驻意大利第五集团军的军长威利斯·克里顿伯格中将。马歇尔回到美国后，亲自打电话给在圣安东尼奥的克里顿伯格的夫人说："我打电话是想告诉你，我在意大利见到你的丈夫了，他身体健康，生活愉快。"他给他所见到的所有高级的指挥官夫人都打了电话。后来，美国陆军部长史汀生将军在评价马歇尔时说："无论驻扎在什么地方的美国军官，甚至那些在前线立下大功的军官，都像忠于自己的领袖一样忠于他，仿佛他在五角大楼里一样。"

一次，一位中层管理者在韦尔奇面前第一次主持汇报，由于太紧张，两脚发起抖来，下来后他坦白地告诉韦尔奇："我太太跟我说，如果这次汇报砸了锅，你就不要回来了。"其后，韦尔奇叫人送了一瓶最高级的香槟和一打红玫瑰给这位经理的太太，并在便条中写道："你先生的汇报非常成功，我们非常抱歉害得他在最近几星期忙得一塌糊涂。"

关心下属的家人，会给下属一种自己受到重视的感觉，

领导智慧：

关怀下属身边的人，是驾驭下属的一项重要艺术。

254
不轻易将朋友委以重任

领导者重用自己的朋友是很自然的事情。

问题在于人们往往不像自以为的那样子真正了解朋友，朋友通常会避免争执而不发表不同的意见，他们会避免彼此冒犯，而掩饰令人不快的个性。朋友会说他们喜爱你的诗，崇拜你的音乐，羡慕你的服装品味，然而却是口是心非。

往往到了关键时刻，你才会逐渐发现朋友隐藏起来的个性和品质。给朋友委以重任免不了有施恩的意味，但他们却常常视之为理所当然，不仅不会有更多的感激，而且常常嫌之不足。

“忘恩负义”有长远的历史。自古以来忘恩负义不断展现其强大威力，而人们依然继续掉以轻心，真是令人吃惊！

许多经验教训告诫人们，朋友很少是最能够帮助你的人，技能和才干远比友谊重要得多。

友谊归友谊，做事还是应该选择能干、胜任的人。

领导智慧：

给朋友委以重任免不了有施恩的意味，但他们却常常视之为理所当然，不仅不会有更多的感激，而且常常嫌之不足。

255

不要助长告密的风气

管理者在处理冲突的时候，一定要注意爱打小报告的员工，来说是非者，必是是非人。管理者在进行管理的过程中需要注意，不要让打小报告成为一种文化。

“打小报告”在道德上是难以被人接受的，因为它使人与人之间失去信任；“打小报告”的人或告密者之所以遭人唾弃和孤立，是因为他们使周围的人感到不安全。如果企业里总有人“打小报告”，企业气氛一定是紧张不安的，员工关系、上下级关系也一定是疏远的、戒备的。这样容易根植一种不信任在每一个员工的内心深处，使他们很难坦诚、轻松地面对他人。为了处理好人际关系，他们不仅会损耗大量的心理能量，而且还会因此影响他们在工作中的情绪。

因此，对于管理者来说，千万不要助长告密的风气，这种风气一旦形成，会影响整个团队的士气。管理者要保证整个团队的有效运转，使每个员工都能发挥自己的能力，并迅速成为企业的骨干，纪律和约束是不可或缺的。因此优秀的管理者要有能力在企业里创造一种氛围：鼓励员工相互帮助团结协作，而不是通过“打小报告”来明争暗斗相互拆台。

领导智慧：

千万不要助长告密的风气，这种风气一旦形成，会影响整个团队的士气。

256

让员工感觉到你对他的关心

不管是员工多么小的一个设想，或微不足道的合理化建议，领导都要给予适当的鼓励，即使是简单的一句“谢谢”，员工也能感受到你对他的关心。听了这句话，他干工作的劲头就更足了。

某电器公司经理，时常到各工作场所巡视。一旦发现工作出色，或者在动脑筋设计新方案的员工，就在全体员工集会时，当众加以赞扬。数年后，这个公司的一位退休人员说：“几年前，我曾为公司设计出一种新产品，得到了经理的奖赏。当经理在开会时提到这件事时，我很吃惊，也很感动，觉得死而无憾。而且，在退休欢送会上，经理又再次提起这件事，我禁不住流下眼泪……”

通过这个小小的事例可以看出，员工的努力工作在得到认可后是何等的愉快，何等的激动。员工的努力工作如果能经常被赞赏的话，那么员工的心理就在很大程度上得到满足。

每一个员工都希望别人对自己的成功表示赞扬，达到自己的心理满足。作为领导要充分认识到这一点，这种方法不仅不用花费较大的心血和资金，还简单易行，起到的效果也比较理想。

领导智慧：

每一个员工都希望别人对自己的成功表示赞扬，达到自己的心理满足。

257

留意下属的情绪变化，了解部门的派系斗争

领导者必须有很强的洞察力，能迅速对发生的事情做出解释。

所谓洞察力用俗话来说，就是学会留意别人的情绪变化，了解部门的派系斗争，这些都是很重要的。古罗马人常说：“要刺杀一个人，就必须接近他，获取信任并且了解对方的弱点。”竖起耳朵，瞪大眼睛走过一间办公室，这就是一种接近的方式，去得越勤，了解的机会越大。

有证据表明，领导者对他们常见的人总比不常见的人更信任。这当然也提醒你，最有可能算计你的人，不是那些公开流露出敌意或表示不合作态度的人，而是那些面带微笑、看上去不会要阴谋诡计的人。

领导智慧：

竖起耳朵，瞪大眼睛走过一间办公室。学会留意别人的情绪变化，了解部门的派系斗争。

258
认错并不等于承认愚蠢

一个人不可能永远都是正确的，即使你犯了错误，但能做到及时更正就不会使错误继续发展下去，就不会造成不可挽回的损失。无论什么时候，只要你发现自己的决定错了，就要立刻下决心停止，重新修改，以减少不必要的损失。当你拒绝承认自己的错误时，通常只会把事情弄得更糟。

承认你错了并不等于承认你愚蠢，可是，当你明知自己错了而又不想改变主意，顽固地坚持自己的错误，这就是愚蠢的表现了。

一个公司的老板，在关于公司的经营策略问题上和助手发生了激烈的争论，他坚决反对助手提出的投资宠物业的建议。最后，这位老板对助手下了“最后通牒”，要么放弃这个想法，要么离开公司。没想到，那位助手真的离开了。事后，这位老板后悔自己的失误，他说：“所有的人都说我不该让他走。现在我觉得是我不对，我应该留住他，而且应该接受他的想法，那的确是个好主意。”

很奇怪，许多管理者都觉得改变自己的主意是种无能的表现，实际上恰恰相反。及时改变错误的主意是一个管理者明智的选择。这非但不会遭人耻笑，还能受到人们的尊重。

领导智慧：

及时改变错误的主意是一个管理者明智的选择。

259

用B级人干A级事

所谓A级人则指那些已经具有一定经验、工作上比较稳重的中年人。他们有经验，但瞻前顾后，工作热情及信心显然不如年轻人，他们一般在企业中管理一些重要事情。

所谓B级人，就是指那些具有丰富的知识、充沛的精力和强烈的进取心，但因工作时间较短而缺少经验的年轻人。虽然B级人在经验上稍差一点，但他们受过良好的教育，知识面广泛，接受能力强，更重要的是，他们有着年轻人独有的本钱——干事有热情有冲劲，积极向上有信心。

在台湾，越来越多的企业采用B级人干A级事的用人模式。

放手让B级人干A级事，不但能激发B级人的上进心，发挥他们的潜在能力，而且降低了企业管理成本。台湾电子行业一位高层管理人士认为：让B级人干A级事，成绩为79分，让A级人自己来干，成绩为85分。但A级人的成本要90分，而B级人则仅要60分。用30分补足6分的差距，显然是绰绰有余的。放手使用B级人，能调动他们的积极性，充分发挥他们的聪明才智，为企业创造更大的效益，而且能促使B级人更快地成长为A级人，既能解决企业内部人才断层的问题，同时又可节省培养人才的大笔费用。

领导智慧：

放手让B级人干A级事，不但能激发B级人的上进心，发挥他们的潜在能力，而且降低了企业管理成本。

260

承担起失败的责任

洛克菲勒曾力排众议，花几十万美元买下宾州铁路公司的一支蒸汽船队，但这支只赔不赚的船队却令他捉襟见肘。最后，他不得不将这支船队停运。“一切责任在我。”洛克菲勒对他的下属们说。

无独有偶，多年前，当美国营救驻伊朗的美国大使馆人质的作战计划失败后，当时的美国总统吉米·卡特立即在电视里作了同样的声明：“一切责任在我。”

“一切责任在我”，这短短的几个字，表现出一种敢于担当失败与责任的勇气。在此之前，美国人对卡特总统的评价并不高，甚至有人评价他是“误入白宫的历史上最差劲的总统”，但仅仅由于上面的那句话，支持卡特总统的人居然骤增了10%以上。韦恩博士说：“把失败的责任往别人身上推，等于将力量拱手让人。”

领导者必须学会像洛克菲勒和卡特总统那样，承担起失败的责任，而绝不要通过躲避棘手的事情而逃避责任。

当你敢于承担责任时，你就会提高完成这项工作的自信心，你的下属也会增加对你的信心，增加对你所承担的工作的信心。

领导智慧：

如果我们不认为必须为自己负责，则不可能提升自己的影响力。

261

“事必躬亲”不是美德

大江东去，斗转星移，中国历史上智慧与忠诚的化身——诸葛亮，火烧新野、鏖战赤壁、三气周瑜、智取西川、七擒孟获、六出祁山的故事至今仍是脍炙人口。古往今来，多少志士仁人，文人墨客，无不为其雄才大略和高度负责的敬业精神所折服。然而，冷静地沉思一下，孔明的“事必躬亲”确有可鉴，亦有可诫。

李严在刘备眼中是仅次于孔明的人物。刘备临终时，“严与诸葛亮并受遗诏辅少主，以严为中督护，统内外军事，留镇永安。”目的很清楚，刘备是让诸葛亮在成都辅刘禅主政务，让李严屯永安拒吴并主军务。孔明秉政，本应充分发挥好李严等人的作用，然而他仍是“事无巨细”，惹得李严不高兴，两人矛盾日益加深。后孔明以第五次北伐为借口，削了李严的兵权，调往汉中负责后勤工作。因运粮事件，孔明抓住了李严的把柄，“乃废严为民，徙梓潼郡”。废了李严后，孔明就亲自抓起了运粮事宜，耗费了无数精力。

五丈原对峙，旷日持久，士气涣散，确需整顿军纪。本应授权众将管理部属，可孔明却是罚二十以上，皆亲自处理，忙得没日没夜。司马懿闻后断言：“亮将死矣。”果如其言，不久，孔明就累死在阵前。

孔明先生“事必躬亲”，不仅累垮了自己，而且还间接导致了蜀国的覆灭。

领导智慧：

“事必躬亲”在某种程度上讲，是一种权力欲的表现。

262
给对方以特殊的声誉

17 世纪初，欧洲很多科学家都面临资金短缺、生活困顿的处境，伽利略也不例外。所以，他经常把自己的发现和发明当作礼物送给那些赞助者，希望从他们那里得到资助，以继续从事研究。

1610 年，他又有了一个重大的发现——发现了木星周围的卫星。这一次，他把这个发现呈献给了麦迪西家族。他在寇西默二世登基的同时，宣布从望远镜中看见一颗明亮的星星（木星），木星有四颗卫星，代表了寇西默与其三个兄弟。而卫星环绕木星运行，就如同这 4 个儿子围绕着他们的父亲——王朝的创建者寇西默一世一样。之后，伽利略还委托别人制造了一枚徽章，徽章上刻着这样的图案：天神朱比特坐在云端上，四颗星星围绕着他。他把这颗徽章献给寇西默二世，象征着他和天上所有星星的关系。

寇西默二世得到了荣耀，非常高兴，于是任命伽利略为其宫廷哲学家和数学家，并给予全薪。对于一个科学家而言，这是伽利略人生中最辉煌的岁月。他四处乞求赞助的日子结束了，从此可以全身心投入到他的科学研究中去。

那些居于高位的贵族其实并不关心科学研究，他们更关心的是自己的声誉和荣耀，他们比平常人更希望自己看起来显赫出众。伽利略把他们的名字和宇宙中的星星联系起来，极大地满足了他们的虚荣心，用让他们占了个“小便宜”这样一个策略，为自己赢得了更多的支持。

领导智慧：

知道对方最关心的是什么，然后想办法提供给他，我们便顺其自然地得到了自己想要的东西。

263

避免“开场声势大，收兵不鸣锣”

俄国十月革命以后，国家千疮百孔、百业待兴。内有白匪之患，外有帝国主义武装干涉，苏维埃中央机关官僚主义作风也一度抬头，办事拖拉，效率低下。列宁对此深恶痛绝，决定以身作则带头来改变这种办事拖拉陋习。

列宁有一个习惯，就是命令发出以后一定要有结果。一次，他给主管粮食供应部门打电话询问前方粮食供给情况。主管的官员一时不能准确地回答，就敷衍道：“我马上了解一下报上来。”

列宁口气严肃地说道：“好的，我在电话里等着。”

一会儿，主管的官员沉不住气了，又拿起电话惭愧地说：“对不起，列宁同志，您先放下电话，我一统计出来马上向您报告。”

列宁还是不动声色地说道：“不急，我在电话里等着。”

坚定的执行力是胜利的保证，也是在实际操作中调整和完善决策的有效方法。有些企业领导者的传统是：开会布置一会子，会后宣传一阵子。虎头蛇尾，有头无尾，开场声势大，收兵不鸣锣。做事喜欢“一慢二看三通过”，遇事首先考虑的是变通，而不是照章办事。

中国企业对追求大而全的管理模式有着偏好，如三株集团，被人称为“比国企还国企”。机构重叠，职责交叉，人员臃肿，程序繁琐。决策、组织和运营流程复杂，其效率可想而知。

领导智慧：

坚定的执行力是胜利的保证，也是在实际操作中调整和完善决策的有效方法。

264

原则是绝对不可以逾越的

一只年轻的猴子历经千辛万苦，终于击败了众多对手，当上了猴王。为了赢得大家的好感，对于违反猴群规矩的猴子，他都假装看不见，更别说对那些猴子加以惩戒了。起初，猴子们对猴王还有所忌惮，但时间长了，猴子们逐渐发现它们的猴王根本就没有什么威严可惧。于是，它们经常在猴王面前互相争夺食物，甚至连猴王手中的食物也不放过。慢慢地，猴群已无纪律可循。

猴群的纪律越来越坏了，猴王终于发现事态的严重，于是它决心重建猴群的秩序。因此，它不断地要求猴子们遵守以前的制度，对那些违反规定的猴子，也决不再纵容。可是，惯于安逸的猴子哪里还会理会猴王的要求？相反，猴王一反常态的举动反而带来了更多的反击。最大的反击终于来临了，在一次王位争夺战中，猴王终于失去了它的王位，还被赶出了猴群。

制度犹如一个组织的骨架，往往只是微小的、不经意的让步也会造成对“骨架”的巨大侵蚀和伤害，所以，制度中的有些原则是绝对不可以逾越的。作为管理者更应该清楚，你所维护的哪怕是一条最无关紧要的制度，也都是在维护自己的权威，维护组织的良性运转。

无论是“激励”员工，还是“讨好”员工，都绝对不可以以破坏制度为代价。

领导智慧：

管理者更应该清楚，你所维护的哪怕是一条最无关紧要的制度，也都是在维护自己的权威。

265

不能制定“能者多劳”的制度

有一户人家，全家人都非常懒惰。爸爸叫妈妈做家务，妈妈不想做，就叫大女儿做，大女儿不想做，就叫妹妹做，妹妹也不想做，就叫小狗做。

有一天，家里来了一个客人，发现小狗正在做家务。客人很惊讶，问小狗：“你会做家务呀？”小狗回答说：“他们都不做，就叫我做！”客人更加惊讶：“你会说话呀？”小狗说：“嘘！小声点儿！让他们知道我会说话，又该叫我去接电话了！”

合格的管理者必须能将所管理的员工的本职范畴、责任及考核界定清楚。“能者多劳”的本质就是懒人对能人的剥削。

领导智慧：

“能者多劳”的本质就是懒人对能人的剥削。

266

不可下放的四种权力

有些权力是管理者必须牢牢把握的，切不可下放，否则，只会让自己处于不利的地位。比如：

①人事任免权。特别是对直接下属和关键岗位的人事任免权，管理者必须保留。而且人事方面的决定（评估、晋升或者开除），通常来说是很敏感的，而且往往难以做决定。

②关系协调权。管理者必须保留对直接下属之间相互关系的协调权。协调下属之间的关系是非常重要的，也是其他下属所不能替代的。

③机密的事务。分析你公司里工作的分类和薪级范围，看上去这项工作很花时间，这似乎是首先可授权的工作。但由于牵涉到很多的利益，所以应该是由管理者自己去做，不适合授权。

④危机问题。危机总会不可避免地发生，假如发生危机，管理者应亲自坐镇，制定应对方案，很多事都应该亲力亲为，这不是你应该授权的时刻。当处于危机的时候，要保证自己在现场起一个领头的作用。这样，有利于稳定人心，避免事态进一步恶化，为解决问题赢得宝贵的时间。

领导智慧：

有些权力是管理者必须牢牢把握的，切不可下放。

267

切忌炫耀

领导者经常代表企业和社会接触，社会上比较能够接受的领导者的形象是：稳重的、有涵养的、虚怀若谷的。只有这样，才有可能把整个企业的情况筹划于心中，而不至于乱套。

一旦你炫耀自己，这种印象马上就给破坏掉了。你显得虚荣、浅薄，像个初出茅庐的娃娃。这样的人怎么能管理好企业呢？这种怀疑一经产生，再想建立起企业和社会之间的良好关系就不可能了。

在上司面前自夸，等于在竭力证明你比他强，甚至是在暗示现在状况的不公平，显示出取而代之的野心，这是上司最为恼火的。

假如在特殊情况下，有必要自我介绍自己的工作能力和业已做出的成绩时，那自然当仁不让，但也必须实事求是。同时，态度要谦虚，语调要平稳，用词要恰当，不要给人留下炫耀的感觉。

领导智慧：

威严的老虎从不翘着尾巴走路。

268

领导批评下属，事先最好打个招呼

领导者批评下属，事先最好打个招呼，使对方先有一定的心理准备，然后再批评，这样使对方不至于感到突然。有的下属做错事，但本人并没有意识到。这时领导者应当先通过适当时机，吹吹风，或让与对方关系较好的人先去提醒他，使其先自行反省，然后再正式批评他，指出其错误所在。有了心理准备，他就容易接受批评。

反之，如果当对方尚未认识到自己有错，领导就突然给予批评，不仅会使下属不知所措，还会怀疑你批评人的目的，不但不接受批评，反而对你这个领导也愈加地排斥。

领导智慧：

有了心理准备，他就容易接受批评。

269

检查工作前要做充分准备

检查工作是一件严肃而细致的事情，如果毫无准备，心中无数，就不要说出去，而应准备好了再说。

所谓准备，就是对所要检查的工作，在总形势上应该有一个基本的了解，在方针政策上要比较熟悉，对倾向性问题也要做到胸中有数，以便更有针对性地进行检查。不然，下去之后，就容易出现一问三不知，或说错话、出错主意的现象。同时，对检查的重点在哪里，哪个是关键部位，何处是薄弱环节，也要基本掌握，不然就会收效甚少。

对于一些大规模的、复杂的检查项目，事先要有一个较详尽的计划，人力如何配备，时间如何安排，达到什么要求，采取哪些方法步骤，都应事先讨论明确，然后进行分工，各负其责。

领导智慧：

对所要检查的工作，在总形势上应该有一个基本的了解，在方针政策上要比较熟悉，对倾向性问题也要做到胸中有数，以便更有针对性地进行检查。

270
不可重用的六类人

①投机者不可重用。

投机型的人善于察言观色，把自己作为商品，谋求在“人才市场”上讨个好价钱，在工作上专门讨价还价。

②谄媚者不可重用。

这种人毫无才干，品质恶劣，首先观念差，意志薄弱。

③权力欲强者不可重用。

权力欲望大的人时时刻刻都不忘在别人面前显示自己的能力。任何事或人阻碍了他们的野心和计划，都会使他们暴跳如雷。这种人的本性是极其自私的。

④四平八稳者不可重用。

他们最主要的缺点是已经失去斗志，只是想谋取一个舒适的职位而已，根本不可能跟别人竞争。

⑤爱慕虚荣者不可重用。

虚荣型的人渴望自己是富人和名人的知己。这种人没有什么真本事，只会夸夸其谈，信口开河，畅谈他的社交生涯。

⑥自命不凡者不可重用。

这种自命不凡的人对谁都看不起，觉得世上惟有自己最有能耐。

领导智慧：

德厚人宜为正职，才高人宜为副职。

271

战士怕分散，干部怕集中

“地位”是一个人价值的体现。我们每个人都渴望受到重视和赞赏，自然也就渴望提高自己的地位。地位的变化，直接关系一个下属的荣辱兴衰，决定着他积极性的高低。

军队里有句口头禅：“战士怕分散，干部怕集中。”战士一分散，就像放了散羊，就易变得无组织无纪律；干部集中起来后，他们的角色不是对方的领导，而是彼此间平等的同事，进而也就会失去了原先在下属面前的那种权威和责任，其自我约束力也就随之弱化了。但他们又都是名副其实的“官儿”，这给管理工作提出了新的难题。同样是一个人，只不过改了个场合，换个了角色，变化竟如此之大，这其中的魔力就是“地位”。

俄国“十月革命”后，苏维埃政府撤销了国内所有军官的特定地位，他们与普通士兵同等待遇，不再享有头衔，也不再享有接受敬礼的特权。这样一来，这些军官们完全丧失了锐气，不再负军官的责任，整个军队的士气空前地低落。苏维埃领导层深感问题的严重性，于是又下令恢复所有军官的特定地位。此后，他们广泛使用军衔、勋章等来标明不同军人的特定地位和身份，从而提高了军队的战斗力。

从心理学的角度来讲，追求高一等的地位，是人们永无止境的渴望。因而，也是人们生活和工作的动力。

领导智慧：

从心理学的角度来讲，追求高一等的地位，是人们永无止境的渴望。

272
尽量公平

很多公司为了留住人才，不惜花费重金，这的确可以起到一定的积极作用。但是领导者还要明白，下属的薪酬，“不患寡而患不均”，只有让下属感到了真正的公平，才能留住下属。

“我可以不计较自己挣了多少钱，但我绝不容忍坐在我对面、与我同样职位的人每月比我多拿几块钱。”这种“不患寡而患不均”的心态在下属中普遍存在。这绝不是凭空捏造出来的，而是经济学家经过多年的研究得出的结论。其实这倒不难理解——因为在一个组织内部，大家是在相同的环境下工作，个人的努力对组织绩效的影响应该更具有可比性。

从影响公司绩效的角度来看，内部的公平性比外部的竞争性更为重要。所以，只有在制定薪酬体系时将这种重要性体现出来，才能让下属感受到公平。正因如此，许多公司都试图找到一种科学的方法对个人绩效进行衡量并与薪酬挂钩。

领导就是一个在下属的薪酬与付出之间寻找平衡的角色，既要维护公司利益的最大化，还要保证下属工作的积极性。这种平衡可以说相当难把握，稍有不慎，就可能有失公平公正，从而造成下属的不满，甚至导致人才的流失。

领导智慧：

只有让下属感到了真正的公平，才能留住人才。

273

没有胆量，就没有产量

诸葛亮的形象在中国人的心中已经深深地扎下了根，在中国传统文化中占有闪光的一页。其《隆中对》的谋略光照千秋，更有运筹帷幄、决胜千里的雍容风度，一叶扁舟过江，舌战群儒的风采，表现出其超人的智慧和出色的口才，特别是“鞠躬尽瘁，死而后已”的精神影响至今。加上罗贯中的生花妙笔，更是使其形象大放异彩，璀璨夺目，以至于让鲁迅感到“诸葛多智而近妖”。

然而，陈寿在《三国志》中对孔明的评价较为客观：“诸葛亮长于治理军事，短于奇谋诡计，政治能力优于作战能力，所以连年劳师动众，不能克敌制胜。”这可能正是蜀国最终也未能统一中国的重要原因之一吧！

奇谋诡计的支点就是冒险，从来没有万事俱备的事情，也没有万无一失的计划。任何计划都必须经得起实践变化的考验。

克劳塞维茨说过：“有人以为战争理论常劝人选择‘最谨慎的’，这种想法完全错误。如果理论确有所劝，以战争本质而言，它必劝人选择最有决定性的，也就是‘最大胆的’。永远勿忘：没有胆量，绝不会成为伟大的统帅。”

领导智慧：

奇谋诡计的支点就是冒险，从来没有万事俱备的事情，也没有万无一失的计划。

274

命令无效，请教事成

有一位成绩斐然的管理者，他的团队具有极强的凝聚力。大家都很不明白：平时看他不怎么去命令员工做这做那，可他的下属为什么就那么兢兢业业地工作呢？于是，有人就此请教这位管理者是否有什么诀窍。

这位管理者笑了笑，回答说："我的秘诀只有八个字：命令无效，请教事成。只要记住对任何人说话时，总是以建议的方式来表达就行了。"

优秀的管理者，通常都能让员工在自己面前感觉无拘无束，从而使员工能以一种轻松的心态畅所欲言，把心中的所想所感和盘托出。如此，不仅有利于管理者与员工相互的沟通，也有利于管理者对员工进行全面的了解，从而能更合理地利用人才。有些过于紧张的员工在这样的气氛下，思维也能逐渐活跃起来，就像我们常说的"超常发挥"。这个时候，他们常常能考虑到先前没有考虑到的东西，或许这位员工的潜力就可能最大限度地被挖掘出来了。

所以，即使你是管理者，也不能以一种居高临下的态度随意对下属发号施令，这样只会挫伤员工的积极性。管理者不妨换个口吻，以建议性的方式婉转地表达自己的意见，则会使员工感到被尊重，并愿意通力配合你。管理者要知道，这不仅是语言的艺术，更是你自身素质的体现。

领导智慧：

管理者不妨换个口吻，以建议性的方式婉转地表达自己的意见，则会使员工感到被尊重，并愿意通力配合你。

275

言语要坚决，但胸怀要大度

如果员工因拒绝执行你的命令而被你处罚，必然会导致不良后果，可能影响其他雇员，并难以说服受罚的雇员，你较明智的行动应是转而求助另一位愿意执行命令的人。这样，你可以使他“靠边站一下”，先回去工作，待他冷静后，你再通过解释性的方法与他私下交换意见。

记住，你的职责是借助于他人的帮助来完成工作。解雇或惩罚雇员或恶化你与雇员之间的关系是不能完成工作的。你讲话要坚决，但要宽宏大度，你是在与他一起工作，而不是与他作对。

如果这些都做了，他依然有反对你的迹象，你就需要让他知道，如果他再不与你合作，你将给予他适当的处分或是解雇。但是，这是最后手段，只有其它办法都无效时才使用。

领导智慧：

记住，你的职责是借助于他人的帮助来完成工作。解雇或惩罚雇员或恶化你与雇员之间的关系是不能完成工作的。

276

直来直去，有正义感

成功的领导者对自己和追随者都特别的诚实。你可以一时愚弄某些人，但迟早你会因为得不到信任而被迫离开领导岗位。靠不住的人很少能成功地担任领导工作。作为企业的管理者，你要想赢得信赖就必须公正地对待你的所有雇员，而不去考虑他们的能力、地位，是否有交情，是否听话。换句话说，不能任人惟亲。

雇员愿意为这样的领导工作：他们会明确地表明自己的意图，对事实不采取骑墙态度，对摆脱尴尬局面不是反复地折腾，不说模棱两可的话。因此，你应该努力做一个直来直去的人，永远开诚布公，公平正直和光明正大。

如果你赢得了这种声誉，那么，你的大多数雇员将会以同样的态度做出反应，他们也将公平、正直地对待你，在所有交往中都光明正大。

领导智慧：

你应该努力做一个直来直去的人，永远开诚布公，公平正直和光明正大。

277

不满不代表不忠

认为对某一事情表示不满的人，一定对公司、管理部门或对你极为愤恨，这是非常错误的。实际上，正是这种抱怨和不满，才使你意识到公司里可能还有其他人在默默忍受和抱怨着同样的问题。

从某种意义上说，领导者的职责之一就是听取抱怨。

默默忍受可以使下属忍气吞声，表面平静，却会严重影响工作效率。如果你能随时处理他们的不满，解决他们的问题，抱怨者就会对你心存感激，从而更努力工作，依你的计划办事。

不满与苦衷装满内心，一旦再也装不下时，就会转变成激烈的反抗。为消除部属内心的不满，就应该让他们自由地发言，使他们发泄怒气，这点很重要。如果上司若不诚心诚意地听他们倾诉，他们会觉得说出口反而是多余的，更觉不满。

有着宽阔的心胸，温和的态度，让人畅所欲言的上司，会使员工无形中减少许多困扰。在这种上司手下工作的员工，可以当场将心中的不满完全地表达出来，转而以轻松的心情去工作。

领导智慧：

从某种意义上说，领导者的职责之一就是听取抱怨。

278

先稳住危险人物

西汉的开国皇帝刘邦登基之后，首先把功劳最大，与他关系最亲近的一些人封了侯，余下的大批人暂时没有加封。这些人看到有些人被封了侯，自己却没有得到赏赐，心中顿生不满，牢骚满腹。

刘邦为了安抚众臣，选择了一个特殊的人物——他最痛恨的雍齿，不计前嫌，封他为侯。这一招一出后，使那些闹得沸沸扬扬的人不久便安定下来，因为他们看到连刘邦最痛恨的雍齿都封了侯，他们还有什么可担忧的呢？从而避免了一场内乱。

领导者在日常管理过程中，要时刻注意下属的动向，一有风吹草动，就要擒贼先擒王——先稳住最危险的人物，稳住大局，最后再各个攻破，方是解决危机的理想方法。

领导智慧：

一有风吹草动，就要擒贼先擒王——先稳住最危险的人物，稳住大局，最后再各个攻破。

279

用下属最佳的智慧

企业在用人的时候，往往都能够根据每一个员工的优点，把他们分配到恰当的位置上去，从而使每个员工的才能和智慧得以淋漓尽致地发挥出来。正是这种优化资源配置的方法，才使得整个公司的效益最大化。

美国前国务卿基辛格，且不说其在外交工作上的政治手腕，就说他在处理白宫内的事务工作方面，也是一位典型的巧于借用别人力量和智慧的能手。他有一个惯例，凡是下级呈报来的工作方案或议案，他先不看，压它三天后，再把提出方案或议案的人叫来，问他："这是你最成熟的方案吗?"对方思考一下，一般不敢肯定是最成熟的，只好回答说："也许还有不足之处。"基辛格即会叫他拿回去再思考并修改得完善些。

过了一段时间后，提案者再次送来修改过的方案，此时基辛格把它翻阅一遍，然后问对方："这是你最好的方案吗?还有没有别的比这方案更好的办法?"

这又让提案者进入更深层次的思考，把方案拿回去再研究。就是这样反复让下属深入思考研究，用尽其最佳的智慧，达到自己所要达到的目的。

领导智慧:

反复让下属深入思考研究，用尽其最佳的智慧，达到自己所要达到的目的。

280

偏爱“不正常”的人

本田公司曾被日本权威经济刊物《日经商业》评为“优秀企业之一”。而公司创始人本田宗一郎更是才思敏捷，创业不到半世纪，就把本田发展成为世界级大公司。本田出身于铁匠之家，自小就酷爱机械。在不惑之年，他创立了本田公司。在选拔人才时，他有一个特点，就是偏爱“不正常”的人。

有一次，本田公司在招聘优秀人才时，主持招聘工作的领导者对两名应征者取舍不定，向老板本田请示，本田随口便答：“录用那名不那么正常的人。”本田认为，正常的人发展有限，不正常的人发展反而不可限量，往往会有惊人之举。这种选人方法对本田公司发展成为跨国公司起到了相当大的作用。

没有个性鲜明的人才，就不会产生独具特色的商品。公司的研发机构专门招聘个性不同的“怪才”。本田的员工一般分为两种：一种是“本田迷”，即对本田车喜欢到了入迷的程度，他们不计较工资待遇，而是想亲手研制新型本田车；一种是“怪才”，他们或爱奇思异想，或爱提不同意见，或热衷于发明创造。

后来的事实也证明，在美国获汽车设计大奖的本田新车型，绝大多数都是那些被视为“怪才”的人设计的。

领导智慧：

正常的人发展有限，不正常的人发展反而不可限量，往往会有惊人之举。

281

高高举起，轻轻放下

首次惩罚，讲的是一个人在一个单位所受到的第一次批评、处分等。首次惩罚作为第一印象对人们今后的情绪、工作都会有较大的影响。一般来说，首次惩罚要个别进行，不宜公开点名；只要错误不太严重，处分要轻不要重；语言要温和，不要尖刻。

惩罚不是目的，而是为了更好地教育下属和调动其积极性的手段，因此，要以防为主。防惩结合，教惩结合，不能为惩处而惩处。要从教育人、挽救人、调动人的积极性的目的出发，把教育与惩处紧密结合起来。

一定要坚持思想教育在先，惩罚在后；要坚持以思想教育为主，惩罚为辅。实施惩罚时，要“高高举起，轻轻放下”。平时教育从严，处罚从宽；思想批判从严，组织处罚从宽，重教轻罚。惩罚前，如果不先警告，势必使部下产生无过受罚之感，弄得人心惶惶，进而离心离德，背道而驰。所以，领导者要先教后罚，多教少罚，这样不仅能使犯错误的人减少，而且还能使人们心服口服。

领导智慧：

一定要坚持思想教育在先，惩罚在后；要坚持以思想教育为主，惩罚为辅。

282

善待性格耿直的下属

有一类人被称做“硬汉”，就是那种很有个人原则、不轻易接受失败的人。这种人个性很强，有自己独立的见解，他们性格直率坦诚，说话从不拐弯抹角。

这种人一般不受领导喜欢，因为他爱当面提意见，并且毫不含蓄，批评领导也不避讳，常使领导感到难堪。

这种人头脑清晰，思维敏捷，遇事果断。他从不会被困难吓倒，他相信人能征服一切艰难险阻。所以，聪明的领导者不但会任用这种人才，而且还会栽培改造他，给他一些私人辅导，使他在接人待物，应付人际关系时掌握一定的技巧。

这种人一旦为领导所用，就会忠心耿耿，一往无前。

领导智慧：

这种人一般不受领导喜欢，但聪明的领导不但会任用这种人才，而且还会栽培改造他，让他为己所用。

283

有两种迟到，要亲自过问

美国密歇根大学成功学专家阿罗·汤姆森说：“我曾经是一个部门的领导，并且亲自抓过员工迟到这件事情。迟到本来就是难免的，用不着大惊小怪。如果只是偶尔遇见一个迟到进厂的员工，他低着头斜着身子溜过去，我从不去责备他，也不会呵斥他站住。”

但是汤姆森认为有两种迟到的情况，领导者要亲自过问：一是重要成员多次迟到，比如总工、财务总监、营销副总、采购经理等，你得亲自去了解他个人或家庭出了什么问题没有，或工作有无重大失误，还是有离职之意；二是整个公司员工迟到成为流行病，连续3～5天迟到率都不低于5%，那就是大问题，说明人心涣散，一定要引起注意。

领导智慧：

如果只是偶尔遇见一个迟到的员工，他低着头斜着身子溜过去——不要去责备他。

284

将赞美的话语放在私下

《红楼梦》中的王熙凤是一个高明的领导者，什么样的话从她嘴里说出来都让人舒服。她在初见林黛玉时，夸奖道："况且这通身的气派，竟不像老祖宗的外孙女儿，竟是个嫡亲的孙女。"林黛玉远来是客，夸奖她是应该的，但是当时迎春姐妹都在场，如果只夸奖黛玉的话，恐怕她们会觉得不愉快。所以王熙凤一句"竟是个嫡亲的孙女"，在夸奖黛玉的同时，又肯定了迎春姐妹，使大家都很有面子。

在现实生活中也是如此。作为一名领导，你在两个下属面前只称赞其中一个精明能干，就会招致另一个的不悦——这里只有他精明，难道我是笨蛋？同理，若你在办公室当众称赞某位同事工作勤奋，业绩突出，则可能引起其他同事不满的情绪。

因此，说话前多思考，找对时机尤为重要。如果你觉得自己的功力还没有达到较高境界，那么，不妨将赞美的话语放在私下交谈的场合再说，这是万无一失的方法！

领导智慧：

说话前多思考，找对时机尤为重要。

285

不能随意更改制度

当年清军在辽东和明军对垒之时，明朝守将熊廷弼治军甚严，但由于受到了奸臣诬陷，被迫辞职。新任守将袁应泰是文官出身，对武事不很明了，到任之后更改了好多熊廷弼制定的严格军令。他命人打开城门放入饥民，加以抚慰，让他们在沈阳和辽阳的明军内当兵。正是由于他的这种随意更改制度的做法，酿成了大祸。混在饥民内的奸细和努尔哈赤里应外合，一举攻破沈阳、辽阳，袁应泰被迫自缢身亡。正是这一次失败，使努尔哈赤奠定了在辽东的根基，不久之后正式定都沈阳，拥有了和明朝分庭抗礼的实力。

袁应泰就是未经考察就随意更改制度，而最终为此丧失性命的典型。只要你的组织或者团队经过缜密的思考和研究，制定了相应的规章制度，就一定不能随意更改——不管是什么原因。

领导智慧：

只要你的组织或者团队经过缜密的思考和研究，制定了相应的规章制度，就一定不能随意更改——不管是什么原因。

286

对于有背景的下属，首先肯定其地位

有一定后台关系的下属，他们往往与一些可能决定你职位升迁罢免的人物有着千丝万缕的联系，这些人可能是老板的里亲外戚，可能是顶头上司的亲朋故友，可能是某个政府领导的子女，也可能是企业重要关系户的嫡系人马。如何管好这类人物，督促他们遵守企业的规章制度，有效发挥潜力，是对领导者的一大挑战，也是检验管理能力的一块试金石。

我国著名的人力资源专家张晓峰提出了一个建议，对于这样的下属，不妨“设局”，在其入职之初，即在同事中造声势，将其地位肯定，满足其虚荣心。同时，让他做自己感兴趣的事，任人所长。将真诚的态度和世俗的人情“手腕”相结合，去打动他们。另外，我们常常不假思索地厌恶这种裙带关系进来的人，有时候忽略了他们其实也是一个能做事的人。

领导智慧：

对待有背景的人，要将真诚的态度和世俗的人情“手腕”相结合，去打动他们。

287

没必要征求每个人的意见

生活中有个很有趣的现象。当你只有一只手表，可以知道是几点，拥有两只或两只以上的手表，却无法确定是几点；两只手表并不能告诉一个人更准确的时间，反而会让看表的人失去对准确时间的信心。同样，为了知道时间，只向一个人询问就行了，没有必要找另一个人来验证。这就是著名的“手表定律”。

这就像销售人员在做销售时，我们理解那种群策群力的做法可以使集体成员们感觉到温暖和安慰，然而对于销售人员来讲，那纯粹是在浪费时间。

如果能够避免，千万不要对一群人做销售。买主们常会聚集在一起寻求彼此间的保护，但这对销售人员来讲，却太可怕了。我们宁愿多花时间单独约见5个顾客，也不愿节省时间一起接待他们。

认定其中的一个是最好的，然后努力去追求。那么你一定会有更大的进步的。

对同一个人或同一个组织不能同时采用两种不同的管理方法，不能同时设置两个不同的目标，否则将使这个企业无所适从；一个人不能同时选择两种不同的价值观，否则，他的行为将陷于混乱；一个团队不能由两个以上的人来指挥，否则这个团队将是一盘散沙。

同样的道理也适用于你在与人打交道方面，在你做出决策之前，向他们征求意见越少越好。

何必费时费力地去征求每个人的意见呢？预备——瞄准——开火！这就是成功者的哲学。

领导智慧：

一个人不能同时选择两种不同的价值观，否则，他的行为将陷于混乱；一个团队不能由两个以上的人来指挥，否则这个团队将是一盘散沙。

288

要知心腹事，且听口中言

通过言谈来判断人的品性和能力，历来就被视为管理中识人的最重要方法。孟子有过“听其言也，视其眸子，人焉瘦哉”的说法，意思就是通过察言观色来准确地判断别人。

韩非子则把这一点发展为一种“术”，称之为“听言术”。

汉高祖病危时，吕后问他身后谁当丞相合适，刘邦说：“曹参可以。”

又问他曹参以后，刘邦说：“王陵可以。但是王陵这人有些憨厚，陈平可以协助他。陈平这人智谋有余，但是难以独当大任。周勃宽厚稳重，但文化修养不足，然而能安定刘氏天下的，必然是周勃。可以让他当太尉，掌握兵权。”后来，周勃果然一举剪灭当权的吕氏家族，挽救了汉室。由此可见，刘邦可谓有知人之明。

人有价值取向，因此在言谈中会有所侧重。如果一个人喜欢谈论权力、机变等事情，那他一定喜欢说服别人；而如果言谈自然，崇尚虚静无为，那么他十之八九淡泊名利；如果一开口就是天下大势，追求公正，那么他一定期望建功立业等。这些大体方向，就是从现象看本质的基本要素。

“要知心腹事，且听口中言”。有些人在一种场合会把自己伪装得很巧妙，包裹得很严实，让人不能了解他的真意。但换一种场合也许就会扯掉伪装，现出本来面目，说话也不一样了。有些人在会议上冠冕堂皇，会后可能就牢骚满腹；人前是正人君子，人后却是势利小人。所以，运用“听言术”，就可以比较准确地探知虚实，对人的品格性情、对事的来龙去脉，做出正确的判断。

领导智慧：

人有价值取向，因此在言谈中会有所侧重。通过言谈来判断人的品性和能力，历来就被视为管理中识人的最重要方法。

289

老少掺用，人才互补

“老少掺用”是朱元璋用人的一个重要特点：在用老臣的同时，注意选拔年轻的官吏。他发现，官吏过了50岁之后，虽政律精通，业务熟练，但是精力却跟不上了。而新发掘的青年才俊，虽年富力强，但政务不熟，阅历浅薄。所以朱元璋在中央和地方的各个部门中，使老少官吏搭配使用，相辅相成。这样既可以发挥年轻人精力旺盛、锐意进取的特点，又可以发挥老年官吏沉稳厚重的长处。

朱元璋还说：“十年之后，老者休致，而少者已于事。如此则人才不乏，而官吏使得人。”意思就是，在年轻的官吏业务锻炼出来时，那些老年官吏也到60岁退休了，不用担心出现人才断层的现象，从而保证人才源源不断地为国家服务。

后来，朱元璋又发现老年人的政治智慧是挖掘不尽的宝库，于是他把退休后的大部分老臣安排到了翰林院，这既是对这些老臣的一种礼遇，也可以让他们充当顾问，继续发挥余热。

人才结构建设在企业的人力资源管理中是一个非常重要的环节，而人才互补、量才而用是人才结构建设的核心。卓越的团队建设，必然遵循“1 +1 > 2”的互补定律，即在人才的结构中，每个人才因素之间最好形成相互补充的关系，包括知识互补、性格互补、才能互补、年龄互补和综合互补。这样的团队，还需要“通才”领导，使人才各得其位、各展其能，从而实现人才群体效能最优化。

领导智慧：

人才结构建设在企业的人力资源管理中是一个非常重要的环节，而人才互补、量才而用是人才结构建设的核心。

290

随时发现，随时批评，不要拖延

在发现下属有错误时，要掌握批评的时机，正面批评别人，对谁来说都是一件十分尴尬、为难的事，但作为领导，这是你的工作内容之一。

当你要对下属进行严厉批评时，请预先跟当事人约好一个时间，同时用简单的话先点他一下，让对方有心理准备，这样你也可以提前思考一下对事件的处理方法。然后，把你要说的内容理清一下思路，重点重申一次，这样有助于你减少不安的感觉。不妨写一个大纲，准备随时翻阅，不致因疏漏而要重讲一次。经常提醒自己“把握分寸”、“保持冷静”、“不要忙”，态度要自然轻松。记着，正面和诚恳的语态，可以令受批评者较易接受和免除尴尬。

在批评时开场白是很重要的，切忌凡事用“领导认为”来开头，给对方过大压力。可以委婉地说：“你经常迟到早退，是否有什么难处？”“单位有单位的规矩，你迟到早退，对其他同事的工作有影响，而且不公平！”“我欣赏你做事速战速决的作风，但希望你能依单位规矩而行，以免妨碍正常工作。”

批评下属要及时，立即采取行动。随时发现，随时批评，不要拖延，如果总是想过几天再说，这样，对方就会想：我一直都是这样做的，怎么你过去就没意见呢？

但是这并不是要你不加选择地即时批评。有人认为：领导是权威的代表，在与下属谈话时，只要使用肯定或提高声调的语气就行了，其实不然。作为领导，要首先考虑到对方的自尊心，不能在大庭广众之下，去纠正下属的过失并且批评他。

领导智慧：

如果总是想过几天再说，这样，对方就会想：我一直都是这样做的，怎么你过去就没意见呢？

291

做出一个自信的姿态

一个有相当成就且知道自己目标的人，在他身上常可感觉到自豪、朝气蓬勃的生活态度。这种人往往身板挺得很直，表明其自信心很强——或许这就是我们常劝年轻人要站直的理由。我的一位同事对此深有体会：只要挺胸站直，就可以把他的感觉从沮丧变为坚定。

一个自信的人，谈话时没有掩口、摸鼻和抓头等姿态。

自信的人与人交谈时很爱摆出一种姿态，就是——将双手的指尖架在一起，形成“教堂塔尖”的样子，是表达沾沾自喜、有权威、自负或自豪的姿态。它明确地表达自信，明确地表示出一个人对自己所说的话很有把握。一个著名领袖对他的传记作者或专栏作家解释一个结论，或讲述一个问题时，常常做出双手指尖架在一起的姿态，表明他对自己所说的绝对自信的态度。

有的谈判人员每当处于劣势，就故意做出指尖架在一起的姿态。每当做出这种姿态，对手就以为这个人有什么解决问题的高招，以为他知道的比说出来的要多得多。对手为此也许会很快改变策略。

在英国特拉法加广场的警察巡逻时，在德国海关关员搜查行李时，或在日本的商业主管对部下说明市场计划对公司的重要性时，都可以看到双手背在身后的姿态。很多军人记得他们第一眼看见长官晃到队伍前面时的情形——双手背在后面、下巴向前突出，标准的墨索里尼式姿态，走路时可能身体还前后摇摆。无疑的，新兵的心里一定认为他掌握整个形势的主动。

领导智慧：

自信的人与人交谈时很爱摆出一种姿态，就是——将双手的指尖架在一起，形成“教堂塔尖”的样子，是表达沾沾自喜、有权威、自负或自豪的姿态。

292
多听少说常点头

“多听”就是多听别人说，听别人的做事经验，听别人的人际恩怨，听别人话语透露出来的有关周围环境的信息……你多听，别人就会因为你“多听”而多说，他说得越多，你知道得就越多。

“少说”，能多听自然就会少说。少说不但可以“导引”对方多说，还可以避免流露出自己的内心秘密，更可以避免说错话，得罪别人。少说，你就成为一个冷静的旁观者，一切的一切，都在你的掌握之中。

“常点头”，这并不是要你做个没有主见的应声虫，而是避免在群体中成为别人眼里“不合时宜”的人。也就是说听别人说话时，多点头，表示你的专注和附和，如果有不同意见，也要先点头再提出。无关紧要的事，不必坚持己见。这样，你就没有走不通的道路。

“多听少说常点头”的原理就在于顺着客观环境，避免突出自己，为的就是降低别人对你可能的伤害。

“多听少说常点头”这个原则适合于人一生中的任何一个阶段。初入社会“多听少说常点头”是学习；中年时期，事业呈现往上的态势，“多听少说常点头”则可减少阻力；到了老年，事实上，老年人还有什么好说的呢？不如缄默养气，并且多“点头”，鼓励年轻人，否则就无法获得别人的敬重，成为人人讨厌的老人了。

要做到“多听少说常点头”并不容易，但它其实并不抵触你自己的原则，这是一种处世的策略，柔软才不易断，才能持久，才能存在。

领导智慧：

“多听少说常点头”是一种处世的策略。柔软才不易断，才能持久，才能存在。

293
做一个行动的巨人

世界第一CEO杰克·韦尔奇在上海演讲的时候，TCL的总裁李东生问了他一个问题："我们如何才能预测企业10年后的发展方向?"

杰克·韦尔奇回答："预测一年后的情况都是很难的，预测10年后的情况是愚蠢的。"

一个人如果总想着有一个完美的人生规划再行动，那么这个人一辈子也做不了一件事情。

吉姆·柯林斯通过研究发现，多年来能排名世界500强的企业有几千家，但其中能持续50年以上的只有18家。他找出了这18家公司，并研究他们到底有什么与众不同，结果他发现与人们的想象完全不同。这18家公司中，几乎没有哪一家开始就有一个长远规划或者伟大的构想，他们只是在不断地尝试，好的保留，不好的放弃。像达尔文的进化论所说的那样，适者生存，不适者淘汰，不断地进化成功的。

其实，任何一个人的发展，都是在做的过程中不断地思考、变化、发展，最终确定人生的方向。

当然不是说人生梦想要不得，也不是说人生中不需要长远规划，但那只是对人生的一种猜测，或一种大致方向的判断。周恩来说："梦里行了千万里，醒来还是在床上。"比梦想、长远规划更重要的是行动，是开始。人生就像攀登高山，没有开始，你就永远不可能登上顶峰。

领导智慧：

任何一个人的发展，都是在做的过程中，不断地思考、变化、发展，最终确定人生的方向。

294

关照别人就是关照自己

美国黑人杰西克·库思，是当时美国一家名不见经传的小报记者。因为种族歧视，在那家报社中他感到四面楚歌、受人排挤。

当时，美国的石油大王哈默已蜚声世界，报社总编希望几位记者能够采访到哈默，以提高报纸的声誉与卖点。杰西克便在心底暗暗发誓，一定要独立完成稿子，以便让他们不敢轻视自己。有一天深夜，杰西克终于在一家大酒店门口拦住哈默，并诚恳地希望哈默能回答他的几个问题。对杰西克的软磨硬缠，哈默没有动怒，只是和颜悦色地说："改天吧，我有要事在身。"

最后迫于无奈，哈默同意只回答他一个问题。杰西克想了想，问了一个最敏感的话题："为什么前一阵子阁下对东欧国家的石油输出量减少了，而你最大的竞争对手的石油输出量却略有增加。这似乎与你的大腕身份不符。"

哈默依旧不温不火，平静地回答道："关照别人就是关照自己。而那些想在竞争中出人头地的人如果知道，关照别人需要的只是一点点的理解与大度，却能赢来意想不到的收获，那他一定会追悔莫及。"

从那以后，杰西克与报社的其他同事坦诚相待，他知道，理解和大度最容易缩短两颗敌视的心之间的距离，而关照就是两颗心之间的最美丽的桥梁。

同事们不再排挤他了，亲切地称呼他为"黑蛋"。而直到多年以后，他卸下报社主编的重担，一个人隐居在乡间安享晚年的时候，围着他周围蹦蹦跳跳的各种肤色的孩子依然叫他"黑蛋"。因为，他们已经不记得他的名字了。

领导智慧：

互相关照，是一种最有力量的方式，也是最好的一条道路。

295

说到做到，不放空炮

韩非子主张领导者要以身作则，为人师表。对待下属正如父母对待小孩，小孩是无知的，要向父母学习，听父母的教导，如今你欺骗小孩，就是在教小孩欺骗。

一天，曾参的妻子想要上街去，但是她的小儿子拉着她的衣襟，又哭又闹，一定要跟着她去。他妻子被闹得没有办法，就只好骗孩子说："只要你答应留在家里，妈妈上街回来了，就杀猪煮肉给你吃。"

她的小儿子听了非常高兴，因为曾参的家里非常贫穷，平常的时候很少吃到肉。因此曾参的儿子信以为真，乖乖地回家等着妈妈回来以后杀猪吃肉。

曾参的妻子从街上回来以后，大吃一惊地发现，曾参已经用绳子把猪给捆上了，旁边还放着一把雪亮的尖刀，正在准备杀猪呢。她便急忙走上前去阻止他说："我刚才是和小孩子说着玩的，只是想哄他回家罢了，并不是真的要杀猪，你怎么就动手了呢?"

曾参说："孩子是不能欺骗的。孩子小，什么都不懂，只会学父母的样子，听父母的教导。今天你说话不算数，欺骗了孩子，就是在教孩子说谎话。再说，母亲欺骗了孩子，孩子觉得母亲的话是不可靠的，以后你再对他进行教育，孩子就不会那么容易相信你的话了。为了完善孩子心性的美好，所以我们就应该守信重诺，说了杀猪吃肉，就必须实现诺言。"

领导者对群众，对下属必须讲信用，一就是一，二就是二，说到做到，不放空炮，言行一致，言出法随。通过自身讲信用，取得群众的信任。这样，才能政令畅通，才能政通人和。

领导智慧：

做领导不讲信用，靠欺骗来领导下属，虽可得计于一时，终非长久之计。

296

多商量，少命令

著名的人际关系学家卡耐基曾与美国最著名的传记作家伊达·塔贝尔小姐一起吃饭，他告诉她正在写有关“对待下属”这本重要的书。她告诉卡耐基，在她为欧文·杨罗写传记的时候，访问了与杨罗先生在同一间办公室工作了3年的助手，这个人宣称，他从未听到过杨罗先生向下属下过一次命令。

例如，欧文·杨罗从来不说：“你做这个或做那个”或“不要做这个，不要做那个”。他总是说“你可以考虑这个”或“你认为，这样做可以吗?”

他在口授一封信之后，经常说：“你认为这封信如何?”在检查某位助手所写的信时，他总是说：“也许我们把这句话改成这样，可能会比较好一点。”

他总是给人自己动手的机会，他从不告诉他的助手如何做事，他让他们自己去做，让他们从自己的错误中学习成功的经验。

你以为自己是公司的总裁，所以就有权在下属面前指手画脚、发号施令?

一流的人才是不会喜欢你这种命令的口吻和高高在上的架势的，他们也有傲人一等的优越感，丝毫不会被你这种趾高气扬的态度所吓倒。反而，稍有个性的下属员工早就被你这种态度所激怒，炒你的鱿鱼了。

多用“商量”，而不用“命令”，你不但能使下属员工维护他们的人格尊严，而且能使他们积极主动、创造性地完成工作。

领导智慧：

无论交代的内容是什么，命令的口吻都会让人觉得粗暴和缺乏应有的尊重。

297

适当保护你的下属

当老鹰盘旋在天空时，我们看到草地上觅食的老母鸡总是急忙招来小鸡，将它们藏匿在自己温暖的翅膀下。

俗话说："大树底下好乘凉。"倘若你能给你的下属提供一个好乘凉的地方，那么你的下属将会由于你的施恩而"报效"于你。

在领导者眼中，你既是"头头"，你的下属犯错，即等于是你的错，起码你是犯了监督不力或用人不当的错误。

下属闯祸，请你冷静检讨一下自己，如果完全是因为下属自己的疏忽，可把他叫到跟前来，冷静地向他分析事件经过，告诉他错在什么地方，最后重申你的宗旨——要每一个下属做事全力以赴，并冷静地处理事情，你永远是他们的后卫。

如果下属犯错，你也有间接责任，就请你与下属单独会面时，将事情弄清楚，不是叫你认错，而是一起去研讨犯错的前因后果，并鼓励下属以后多多与你磋商。无论成因是哪一种，请切忌向下属大发雷霆，尤其是在大庭广众之下。你尊重对方，下属才会更内疚，更敢于正视问题，避免了日后跟你闹情绪。

还有，在你的上司面前，只顾推卸责任，这只会令上司反感。你应该有领导者的风度——与下属一起承认过错。另一方面，即使有其他诸多是非，你仍应站在下属一边，替他挡驾。

领导智慧：

如果下属犯错，你也有间接责任，就请你与下属单独会面时，将事情弄清楚，不是叫你认错，而是一起去研讨犯错的前因后果，并鼓励下属以后多多与你磋商。

298

要让下属看到成功的希望

如果你对别人说："这会花一大笔钱。"人们看到的是钱流出去回不来。反过来说："我们做了很大的投资。"人们就会看到利润滚滚而来，很令人开心的画面。当人们听到类似"这是个好消息，我们遇到了绝佳的机会……"的话时，心中自然就会升起希望。但是当他们听到"不管我们喜不喜欢，我们都得做这工作"时，他们的内心就会产生沉闷、厌烦的感觉，他们的行动反应也跟着受到影响。

由于工作的原因，汉斯先生经常到一个大城市出差。第一次来到这座城市的时候，他住进了一家旅馆。当他结束工作退房结账时，服务台小姐没好气地说："你先在这里等一下，我们检查一下房间，看看有没有东西损坏和丢失。前几天，有一个客人偷走了一条浴室的毛巾，还有一个客人把床单烧了一个洞……"小姐这样说话，简直有点侮辱人格！不用说，当时汉斯先生决定再来这座城市的时候，是不会住进这家旅馆的。

当汉斯先生第二次来到这座城市的时候，住进了与原来那家旅馆临近的一家。当他结束工作退房时，服务台小姐说："先生，请您稍等，我去看一看房间中是否有东西落下了。"当汉斯在等待的时候，他忽然醒悟，原来她们是要检查房间中是否有损坏和丢失。联系上次的经历，汉斯先生不由得暗暗佩服起这位小姐说话的委婉性。此后，他每次来到这座城市时，都住进这家旅馆。

所以，要让人看到成功的希望，才能赢得别人的支持。要建立城堡，不要挖掘坟墓。要看到未来的发展，不要只看现状。

领导智慧：

要让人看到成功的希望，才能赢得别人的支持。

299

晓之以理，明之以义

领导艺术从某种意义上来说，是一种征服人心的本领。一位心理学家在他的著作中说：“一个人去做一件事，常是为了两种原因：一种是真正的原因，另一种则是听来动听的原因。”

很多时候，大家都明白那个真正的原因，却还是会不由自主地想听到那个好听的原因。因此，要想让下属既服从命令，又能起到笼络人心的作用，领导者就要学会以理服人。

领导者要解决和处理好下属的思想问题，就需要认识问题的症结，然后摆事实、讲道理、以理服人。

作为领导者，当下属对自己的某项指令感到难以理解或不予执行时，领导者应该明白这是完全正常的。此时，领导者应该向他们解释清楚，对他们阐明事实，以理服人，而不能凭借权力强迫他们必须执行。这是对他们的尊重。只要晓之以理，明之以义，问题就会迎刃而解。

领导智慧：

要想让下属既服从命令，又能起到笼络人心的作用，领导者就要学会以理服人。

300
做一个有条理的人

一位企业家曾谈起他遇到的两种人。

有个性急的人，不管你在什么时候遇见他，他都表现出风风火火的样子。如果要同他谈话，他只能拿出数秒钟的时间，时间长一点，他会伸手把表看了再看，暗示着他的时间很紧张。他公司的业务做得虽然很大，但是开销更大。究其原因，主要是他在工作安排上七颠八倒，毫无秩序。他做起事来，也常为杂乱的东西所阻碍。结果，他的事务是一团糟，他的办公桌简直就是一个垃圾堆。他经常很忙碌，从来没有时间整理自己的东西，即使有时间，他也不知道怎样去整理、安放。

另外有一个人，与上述那个人恰恰相反。他从来不显出忙碌的样子，做事非常镇静，总是很平静祥和。别人不论有什么难事和他商谈，他总是彬彬有礼。在他的公司里，所有员工都寂静无声地埋头苦干，各样东西安放得也有条不紊，各种事务也安排得恰到好处。他每晚都要整理自己的办公桌，对于重要的信件就立即回复，并且把信件整理得井井有条。所以，尽管他经营的规模要大过前述商人，但别人从外表上总看不出他有一丝一毫的慌乱。他做起事来样样办理得清清楚楚，他那富有条理、讲求秩序的作风，影响到他的全公司。于是，他的每一个员工，办起事来也都极有秩序，一派生机盎然之象。

只要工作有秩序，处理事务有条有理，决不浪费时间，不扰乱自己的神志，做事效率就极高。从这个角度来看，你的时间也一定很充足，你的事业也必能依照预定的计划去进行。

领导智慧：

今天的世界是思想家、策划家的世界。唯有那些办事有秩序、有条理的人，才会成功。而那种头脑错乱，做事没有秩序、没有条理的人，成功永远都和他擦肩而过。